부모도 이미지메이킹이 필요하다

좋은 부모를 위한 칼럼집

김혜경 지음

KNOWLEDGE COMMUNITY 공동체

프롤로그

E시의 보육정보센터 홈페이지에 부모들을 위한 명사칼럼을 연재하다가 이 자료들을 보다 많은 부모에게 주고 싶다는 생각을 하게 되었다. 연재된 내용과 함께 그동안 무크지, 사보, 잡지 등에 실렸던 글들, 10여 년간 EBS에서 생방송 상담을 했던 내용, 부모교육 강연에 활용했던 원고들을 모아 한 권의 책으로 만들었다. 가장 관심이 많았던 내용들을 쉽게 풀었고 각 월별로 배치하여 매주 한 주제씩 읽어볼 수 있도록 했다. 편의상 각 월에 5주제씩 60주제를 다루었다.

이 책의 독자는 주로 부모가 되겠지만 기관에서도 유용하게 활용될 것이다. 교육의 효과를 위해 가정과의 연계는 꼭 필요한 일이다. 대부분의 기관이 가정통신문이나 게시판을 통해 부모들을 위한 교육도 병행하고 있는 현실에서 이 글들이 기관과 가정 모두에게 조금이나마 도움이 되었으면 하는 바람으로 세상에 내놓는다.

부모들을 위한 아침 방송을 위해 집을 나서던 엄마에게 "엄마, 내가 잘 자라야 엄마의 강연이 빛을 발하겠지? 알려주는 대로 키우면 훌륭하게 되느냐고 물을 거 아니야? 잘 자라 줄 테니 엄마도 제게 잘 하세요. 헤헤헤"라고 말하는 녀석이 있다. 때로는 스튜디오에 따라 나와 생방송을 지켜보며 긴장감을 주기도 하고, 화가 날 때면 다시듣기를 틀어놓고 "저렇게 잘난 척만 하지 말고 자기 아들한테 진짜로 잘 해봐요"라고 말하던 목소리가 있다. 아들의 유머가 모종의 협박처럼 느껴지지만 미소 짓게 하는 협박이며 가장 커다란 격려이기도 하다.

많은 사람들이 묻는다. 당신은 아이를 정말 잘 키웠느냐고. 저자 역시 세상의 많은 엄마들처럼 실수도 많았고 후회도 있으며 마음 한켠에 죄책감 같은 것도 자리하고 있다는 것을 고백한다. 이 세상에 완벽한 부모는 없다. 내 아이에게 가장 좋은 선택이 무엇일지 고민하면서 부모 역할에 최선을 다하는 것이 정답이다. 최선을 다하는 과정에 부모도 함께 성장해간다.

내게 엄마라는 이름을 갖게 하고 양육의 행복을 알게 해 준 아들에게 하늘만큼 땅만큼 사랑의 하트를 날려 보내주고 싶다.

어느 멋진 날에 올림픽 공원에서

차례

4월

5월

6월

1월

1 부모라는 이름의 생애주기

이 글을 읽는 사람은 부모라는 이름으로 살아가고 있을 것이다. 대부분 결혼을 했을테고 눈에 넣어도 아프지 않을 아이를 잘 키워 좋은 부모가 되기 위해 노력할 것이다. 아이에게 좋은 부모가 되어주기 위해 부모라는 이름의 생애주기를 보자. 이해하기 쉽도록 8단계로 나눠보았다.

제1단계는 결혼 후 아직 아이가 태어나지 않은 가정의 부부이다. 어떤 부모가 되고 싶은지 배우자와 이야기를 나누고 한 방향을 바라보는 부모가 되기로 합의한 후 아빠로서 엄마로서 되고 싶은 이미지 10가지를 적어서 서로 교환하는 이미지 메이킹 작업을 권한다.

제2단계는 출산부터 첫 아이가 30개월 정도까지의 기간이다. 임신과 출산을 긍정적으로 받아들이고 무력하고 미숙한 아기에게 양육과 보호를 제공하는 단계이다. 자칫 산후 우울증에 빠질 수 있으므로 남편과의 정서적 교감과 지원을 통해 즐겁게 양육에 임하고 아기 탄생으로 인한 부부관계의 변화를 수용해야 한다. 이 시기 아기와의 애착은 평생의 부모-자녀관계에 기초가 된다.

제3단계는 주로 영유아교육기관의 학부모로 살아가는 시기이다. 올바른 생활습관이 정착되어가는 단계이므로 온정적인 가정환경에서 사랑받고 자라는 가운데 긍정적인 자아개념을 갖게 해야 한다. 주입식 교육보다는 직접 경험을 통한 놀이형태의 교육과 부모의 바른 모델링이 필요하다.

제4단계는 학령기 아동의 부모로 지내는 시기이다. 친구와의 관계가 중요해지며 점차 부모의 품을 떠나 또래들과 놀게 된다. 부모의 가치와 태도에 따라 세상을 보게 되며 학업성취에 대한 지지적 태도가 요망되는 시기이다.

제5단계는 사춘기를 겪는 십대의 자녀를 대하는 시기이다. 늦은 결혼으로 부모의 갱년기와 갈등할 때 서로의 괴로움은 말할 수 없이 커지므로 영유아기부터 바른 대화습관으로 좋은 상호작용의 기초를 마련해놓아야 한다.

제6단계는 자녀를 결혼시키는 단계로 첫 아이부터 막내까지 떠나보내는 시기이다. 자녀의 배우자 선택과 닮살행각을 받아들이고 쿨하게 떠나보내는 부모 모습을 갖춰야 한다.

제7단계는 자녀들이 모두 떠나고 둘만 남은 중년부부의 시기이다. 흔히 빈 둥지 증후군이라는 것을 앓기 쉽다. 부부 사이가 좋지 않은 경우 새로운 갈등 국면에 빠지기도 하는 시기이므로 제1단계부터 좋은 부부 사이를 위한 노력이 있어야 한다.

제8단계는 둘만 남아있는 은퇴시점부터 배우자 사망시기까지를 말한다.

결혼을 하고 자녀를 독립시킬 때까지 겪는 이 과정에서 자녀의 영유아기부터 잘 다져져야 모든 단계가 무난하고 행복하게 진행된다. 우리는 부모라는 이름으로 일생을 살아가면서 유아기의 부모-자녀관계는 곧 유능하고 행복한 양육의 척도가 되며 그 기초는 부부관계에 있다는 것을 알게 될 것이다.

2 유전과 환경

인간의 재능은 타고난 유전에 의해 발달하는 것일까? 이러한 의문으로 시작하여 원론적인 유아교육이론을 살펴보자. 인간의 발달에 영향을 주는 가장 큰 요인은 유전과 환경이며 유전과 환경 중 어느 것이 더 큰 영향을 주는가는 여전히 논쟁거리로 남아있다. 쌍생아의 연구로 유전의 영향을 증명하는 것들이 있다. 성인이 될 때까지 쌍둥이 형제가 있다는 것을 알지 못하고 분리되어 양육된 일란성 쌍둥이들이 웃는 모습, 목소리, 걷는 모습, 치열, 흥미를 갖는 대상 등이 대단히 유사하다는 연구는 인간의 발달에 유전이 중요한 역할을 한다는 것을 입증하고 있다.

인간의 발달이 유전에 의한 것이라고 주장하는 연구들은 양육환경을 무시하고 후손에게서 나타난 차이가 모두 유전에 기인한 것이라고 주장하였다. 이러한 연구들을 보면 후손들의 성향이 모성의 차이에 기인한 것처럼 보인다.

아이에게 좋은 부모가 되고 싶으면 우선 남편과 아내가 서로를 행복하게 해주기 바란다. 대부분의 아이들은 엄마와 가장 깊은 애착관계로 성장한다. 엄마의 심리상태가 행복할 때 아이와도 행복한 상호작용을 할 수 있다. 엄마 정서상태의 맑음과 흐림은 대부분 아빠 때문인 경우가 많다. 아빠 역시 아내와 웃는 얼굴로 헤어져 일터에 갔을 때 능률이 오른다. 아내의 아침 키스는 남편의 연봉을 높인다고 한다. 좋은 부모가 되고 싶으면 먼저 서로에게 좋은 배우자가 되어야 한다는 뜻이다. 자녀의 행복한 성장에 가장 효과적인 환경이다.

3 설날, 조부모를 생각하자

지인의 시어머님이 돌아가셔서 조문을 갔을 때의 일이다. 생존해 계실 때에도 일하는 며느리의 심정을 잘 헤아려 주시며 현명하게 살아오셨고 며느리도 어르신을 진심으로 존경하고 배려해드리던 가정이었다.

미국에 유학중이던 고인의 손자들은 할머니의 장례식 참석을 위해 귀국했고 문상 손님들을 함께 맞이하고 있었다. 그 와중에도 스마트폰을 들고 게임을 하고 있었으며 슬퍼하는 기색이 전혀 보이지 않았다. 돌아가신 할머니는 손자들에게 '미국에서 공부하고 있는 동안 너무 그리워하며 살았다. 너희처럼 사랑스러운 손자가 있다는 것이 행복했다. 부모님께 효도하고 행복한 인생을 살기 바란다' 는 내용의 편지와 각자에게 적금통장을 남겨주셨음에도 별 감동 없이 유품을 받았다고 한다. 이런 할머니가 과연 얼마나 계실까? 이 세상을 떠나는 순간까지 그렇게 멋진 할머니였지만 손자들의 반응이 별로였던 것은 어린 시절을 함께 보내지 않아 혈육의 정을 느끼지 못한 것이 이유라면 이유였다.

고인의 영정 앞에 꽃을 바치고 나와 둘러앉은 친구들은 부모와 자녀들에 대한 이야기를 나누기 시작했다. 한 친구는 중학생인 아들이 외할아버지의 기일에 가지 않으려 해 속상하다고 했다. 자신이 태어나기 전에 돌아가신 분이라 얼굴도 모르는데 왜 가야 하느냐며 그 시간에 공부를 하겠다고 고집을 피운다고 했다.

핵가족 형태로 자녀들을 키우면서 많은 가정에서 일어날 수 있는 일이라는 생각을 해본다. 우리 문화에서 할머니, 할아버지의 역할은 가정 내에서 그들의 문화를 자연스럽게 전수하는 일이었다. 삶의 지혜를 통해 모든 가정문제에 대해 최종결정을 해주던 존재였다. 조부모와 함께 거주하면서 부모가 모시는 태도를 보고 배우며 공경하며 살아왔다. 부모의 양육방식에 대해 조언하고 협력하며 지도하는 존재였다.

최근 우리 사회는 손자녀의 양육에 참여하는 부류와 회피하는 부류가 있다. 양육에 참여하는 쪽은 자연스럽게 손자녀와 친밀감이 형성되겠지만 회피하는 부류의 가정에서는 자녀와 조부모와의 관계에 대해 보다 많은 신경을 써줘야 한다.

조부모와 함께 할 수 있는 일정을 만들고 접촉하게 하는 가운데 조부모, 부모, 자녀로 이어지는 가족의 맥을 알 수 있도록 해줘야 한다. 저자의 시어머님은 20여년을 병석에 계셨고 만 8년 동안을 병원에 누워계셨다. 아들은 아기 때부터, 효성이 지극했던 아빠를 따라 아프셨던 할머니를 뵈러 가야했다. 세상에 태어나기 전부터 편찮으셨던 할머니를 뵙고 올 때마다 '절대 의사는 되지 않겠다' 선언할 만큼 병원을 지겨워했다. 그럼에도 불구하고 할머니가 돌아가신 후 아빠의 효심을 존경한다고 말했으며 만약 '내 엄마가 그렇게 아파도 아빠처럼 극진히 보살펴 드릴 거다' 라는 말을 했다.

긴 세월 병수발에 힘들었지만 아들의 말 한 마디가 고생을 잊게 해줬다. 효성을 강요하지 않아도 보고 듣고 거울처럼 의식이 만들어진다는 사실에 다시 한 번 놀랐던 기억이다.

4 좋은 아빠

아침 등원시간에 아이를 데려다 주고 자신의 일터로 출근하는 아빠들. 아이와 헤어지면서 입을 맞추거나 손을 흔드는 모습이 정겹다. 아빠참여 프로그램이나 부모회 같은 행사에 아빠들의 높은 참여율을 보면서 세상의 변화를 실감한다. 부모교육을 위한 강연에서 만나는 아빠들은 고급 육아상식을 기초로 엄마들보다 많은 질문을 한다.

엄부자모嚴父慈母의 형태가 바람직하다고 생각하던 전통적인 부모역할은 이제 구세대의 유물이 되어가고 있다. 전통사회에서의 아빠는 가족의 생계유지를 위한 경제활동을 열심히 하며 바깥 일에 충실해왔고, 자녀들을 사랑으로 보살피고 양육하는 역할은 엄마의 몫이었다. 학자들은 이러한 역할분담을 논할 때 아빠는 도구적 기능을 수행하며 엄마는 애정적 기능을 수행한다고 정리하였다. 그러나 부부가 동시 취업하는 가족이 많아짐에 따라 도구적 기능과 애정적 기능은 각기 다른 개인에게 나누어질 수 없는 영역이 되었다. 각자의 직장에서 열심히 일하던 엄마와 아빠가 주말에는 함께 쇼핑을 하는 모습이 흔해졌다. 아이의 옷이나 장난감을 함께 사는 모습, 일주일 동안의 찬거리를 의논하며 사는 모습, 아빠가 캐리어에 아이를 업고 다니는 모습, 영유아교육기관에 아빠가 드나드는 모습 등 한 가정을 꾸려나가는 부부의 역할분담이 다양화되어 있는 것을 볼 수 있다.

좋은 아빠로 사는 것은 어떤 것일까? 변함없는 부성애로 새끼들을 키우는 동물의 예를 생각해보자. 펭귄은 암컷이 알을 낳으면 수컷이 발등에 받아 부화 직전까지 보호한다. 영하 50도의 추위, 시속 300Km의 강풍, 배고픔에도 아랑곳 하지 않고 발등에 알을 보호하는 기간은 9주일이나 된다. 알을 낳아놓고 돌아다니다가 부화 2, 3일 전에 돌아오는 암컷에게 알을 넘긴다. 혹한을 견디지 못하고 죽어가는 일부 아빠 펭귄들은 죽음의 순간까지도 몸에서 알을 떼어놓지 않고 체온을 전달하기 위해 노력한다. 아빠 비둘기는 알을 품고 있는 엄마 비둘기를 둥지 밖으로 내몰면서 먹이를 먹고 오도록 배려한다. 아빠 사마귀는 교미 후 엄마 사마귀에게 자신의 몸을 먹도록 한다. 암컷과 새끼의 영양을 위해 자신의 몸을 바치고 사라진다. 물장군이라는 곤충은 수컷이 수정된 알을 업고 다니며 기른다고 한다.

인간의 아빠가 아빠답게 사는 것은 어떤 것일까? 남성들도 여성들만큼 유능하게 아이를 보살필 수 있고 애정적 자극을 줄 수 있다. 엄마의 역할과 아빠의 역할을 유사하게 지각하는 남성일수록 아동양육에 적극적으로 참여하며 보다 바람직한 아빠가 될 수 있다. 현재 자신의 의지에 따라(중요한 문제이다. 아내의 강압에 의한 것이라면 곤란하다) 가사분담, 아이의 목욕시키기, 먹여주기, 기저귀 갈기, 함께 놀아주기 등의 역할을 수행하고 있는 아빠는 이미 좋은 아빠이다. 동시에 아내를 행복하게 해주는 훌륭한 남편이다. 그러한 아빠를 둔 가정은 오래오래 행복하게 살아갈 것임을 믿는다.

5 아내는 좋은 엄마일까?

좋은 엄마가 되려면 엄마이기 이전에 한 개인으로서의

자신이 행복해야 한다. 엄마의 스트레스는 아빠의 스트레스보다 자녀에게 파급되는 속도가 빠른 것 같다. 동일한 상황과 부담 속에서도 사람마다 스트레스를 받는 강도가 다르다고 하는데 긍정적인 자아개념을 가지고 살아가는 엄마는 스트레스를 견뎌내고 현명하게 생활할 수 있다.

기혼 여성과 남성의 자아개념에 가장 큰 영향을 미치는 사람은 배우자이다. 남편과 아내가 모두 세상을 긍정적으로 살아가기 위해 행복한 부부가 되어야 한다. 특별히 남편은 한 가정의 가장으로서 책임감이 투철한 사람이어야 한다. 가끔 성공한 정치가나 학자들이 인터뷰에 응할 때 아내가 가정사를 모두 책임져줬기 때문에 자신은 집안 일이 어떻게 돌아가는 지 모른다면서 아내를 추켜세우는 것을 볼 수 있다. 그런 부부는 부럽지 않았다. 아내와 의논하고 역할을 분담하여 살아가는 모습이 더 보기 좋았다.

어떠한 역경에도 남편과 아내는 함께 할 것이라는 믿음으로 살 수 있는 부부가 되어야 한다. 이러한 신뢰감은 두 사람 모두의 노력이 수반되어야 가능하다. 상대방의 인격을 존중하고 배려하며 살아가는 가운데 서서히 형성되어

진다. 일반적으로 아내들이 남편을 향해 원한(?)을 갖는 경우 인격을 무시당한 경험 때문이다. 흔히 외모나 친정식구에 대해 무심코 던진 말 등에 여자들은 분개한다. 그 얼굴에 덕지덕지 화장하면 뭐하니?, 네 동생은 왜 그 모양이냐?, 이것도 음식이라고 만들었니?, 집안 꼴이 이게 뭐냐?, 하루종일 뭐했다고 피곤해? 등의 말을 아내에게 던진 적이 있는 사람은 이 기회에 회개하라.

반면 서로가 힘을 얻는 말들은 다음과 같다. 피곤해도 집에 돌아와 자기하고 지낼 생각을 하면 위안이 되는 것 같아, 난 네가 원하는 것은 어떤 일이라도 하고 싶어, 나같은 사람하고 결혼해 줘서 고마워, 열심히 만들어 준 사람 생각을 하면 더 맛있어, 앞 머리를 올려 봐 이마가 예쁘잖아, 나는 우리 가족이 가장 먼저야, 너랑 함께 있는 시간이 가장 편해...... 가족관계에는 유치하고 닭살이 돋는 이런 말들이 필요하다. 세심한 배려에서 오는 정서적인 유대가 성적인 만족이나 경제력 같은 문제보다 훨씬 더 중요하다.

언제나 기댈 수 있는 사람으로 넉넉한 존재가 되어주기 위해 노력하지만 때로는 서로에게 기대어 위로받을 수 있는 관계를 만든다. 남편은 아내에게 언제나 대범해야 남자답다는 생각은 잘못되었다고 본다. 힘든 일이 있거나 근심걱정이 있을 때 아내에게 털어놓고 위로 받을 수 있고 때로는 아내 가슴에 얼굴을 묻고 울 수 있는 남자는 남편으로서의 삶이 비교적 성공적인 사람이다. 여성에게는 모성본능과 같은 따뜻하고 너그러운 부분이 있기 때문이다.

2월

1 가훈 만들기

동서양을 막론하고 유아기는 평생을 지배할 가치가 형성되는 중요한 시기이다. 한 가정의 생활신조나 대대로 내려오는 가훈을 다시 한 번 정리해보면 아이에게 물려줄 가치가 재정립될 수 있을 것이다.

미국 펭귄북스의 베스트셀러인 『자녀를 성공시킨 아버

지들』(김영사)이라는 책은 부모가 자녀에게 전해줄 덕목을 야망, 용기, 헌신, 믿음, 시각, 책임감, 자아수련 등 일곱 가지로 선정하고 분류해 놓았다. 아버지라는 토양에 뿌리를 내리고 성공한 99명의 유명인사들과 아버지들의 삶을 소개하면서 아버지의 영향력이 한 개인의 인생에 얼마나 중요한 지 실감하게 한다.

『내가 알아야 할 모든 것은 유치원에서 배웠다』(김영사)의 저자인 로버트 풀검도 인간이 살아가는데 필요한 지혜가 유아기에 습득된다고 말한다. 우리 속담에도 세 살 버릇이 여든까지 간다고 한다. 이와 같이 중요한 시기에 아이에게 교육시켜야 할 가치 및 신조는 무엇일까 생각해보라. 부부가 함께 훌륭한 가훈 하나를 함께 만드는 과정에서 아이 교육에 좋은 협조자가 되어 일관성 있는 태도를 취하는 데 도움이 될 것이다.

풀검이 말하는 '알아야 할 모든 것'에는 교훈, 사랑, 공중도덕, 생태학, 정치학과 평등, 건전한 생활이 포함되어 있다. 그가 배웠다는 내용에서 가훈을 만들 때 참고될 만한 내용을 골라보았다.

- 모든 것을 나누어 가져라
- 정정당당하게 행동하라
- 물건은 항상 본래의 위치에 놓아라
- 네가 어지럽힌 것은 네가 깨끗이 정리정돈하라
- 다른 사람의 물건에 손대지 말아라
- 다른 사람의 마음을 상하게 했을 때는 사과하라
- 식사 전에 손을 씻고 화장실을 사용한 후에는 물을 꼭 내려라
- 균형잡힌 생활을 하라. 배우고 생각하고 날마다 그림도 그리고 노래도 부르고 춤도 추고 놀기도 하고 일도 하라
- 외출해서는 차 조심하고 손을 꼭 잡고 서로 의지하라
- 경이로운 일에 눈떠라. 컵에 든 작은 씨앗을 기억하라. 뿌리가 나고 새싹이 나서 자라지만 아무도 어떻게, 왜 그렇게 되었는지를 알지 못한다. 그러나 우리의 삶 또한 그와 같은 것이다.

2 장래희망

시대의 변화에 따라 아이들의 장래희망은 다양한 시각으로 변화되어 왔다. 여전히 의사, 변호사, 교수, 전문직 공무원 등의 엘리트로 키워내고 싶은 부모도 있고 자신의 적성에 맞게 취미를 일로 즐기면서 살아가기를 바라는 부모도 있다. 중 · 고등학교에 재학 중인 10대 연령의 우리나라 학생들이 꿈꾸는 직업은 아이돌 가수, 요리사, 애완동물 사업가, 생명공학가, 프로게이머, 펀드매니저, 건축가 등 다양한 것을 볼 수 있다. 영유아기의 우리 아이들은 어떤 미래를 꿈꾸고 있을까?

많은 아이들이 제복을 입은 직업을 동경한다. 남자아이들은 군인, 경찰, 소방서 아저씨, 수위 아저씨까지 복장을 갖춰 입고 일하는 사람에 대해 아주 호의적이다. 여자아이들의 경우 간호사, 선생님, 패밀리레스토랑의 언니, 예쁜 옷을 입은 가수 등을 꿈꾼다. 엄마아빠가 원하는 직업과는 호감의 기준이 다르다. 초등학교에 가기 전부터 부모와 자녀는 이렇게 의견 차이와 세대 간 이질감을 경험하게 된다.

우리 아이의 장래희망에 대해 어떤 태도와 조언을 주는 것이 좋을 것인지 부부가 함께 의논하고 일관성 있는 대응을 해야 한다.

일단 아이들의 장래희망에 대해 존중하는 자세를 보여줘야 한다. "엄마, 나는 ○○○식당 언니 같은 직업을 갖고 싶어"라고 말할 때 "우리 딸이 벌써 하고 싶은 일을 생각할 만큼 자랐구나"라는 말로 칭찬을 해준 후 왜 그런 생각을 했는지 잘 경청해주고 격려한다. "응, 다른 사람에게 맛있는 음식을 주고 가족이 행복하게 먹는 모습을 보는 일이 부러웠구나, 우리 딸이 그런 훌륭한 생각을 했다니 엄마도 뿌듯하다"라고 말해준다. 자신의 생각을 격려받고 자라는 아이들은 늘 부모와 마음 속의 생각에 대해 털어놓고 대화하

는 습관을 갖게 되는 효과뿐만이 아니라 아이 자신의 미래를 늘 긍정적으로 계획한다. 우리나라 입시에서 아주 중요한 부분을 차지하는 논술능력, 즉 말하고 쓰는 능력의 기초형성에 도움이 되는 대화가 될 것이다. 자라면서 세상을 보는 시야가 확장됨에 따라 좋아하는 직업도 달라지고 학교의 직업적성검사 등을 통해 자신에게 맞는 직업을 찾아 준비하게 된다.

마음에 들지 않는다고 "그 직업은 사람들의 존경을 받지 못해, 적어도 내 딸은 ~~정도의 직업을 갖게 만들거야"라는 말로 아이의 생각을 들어주지 않고 자신의 생각을 강요할 것이 아니라 잘 들어주고 존중하는 가운데 부모가 원하는 직업에 대해 긍정적인 사례나 이야기를 통해 점차 관심을 갖게 해준다.

오늘 저녁 식탁에서 아이의 꿈을 들어주고 그 생각을 온 가족이 공유하며 격려해주는 시간을 마련해보기 바란다.

3 적응 프로그램

가정과 부모의 품을 떠난 영유아들이 첫 집단생활을 하게 되는 신학기가 되면 각 기관들은 적응 프로그램을 진행한다. 어린 영유아들의 가장 큰 스트레스는 주 양육자(주로 엄마)와 분리되었을 때의 불안이다. 이 시기 양육자와의 관계가 타인에 대한 태도를 결정짓고 성격발달을 비롯한 다양한 발달에 많은 영향을 미친다.

부모와의 애착이 안정적으로 형성되어 있는 영유아는 교사와의 관계에서도 안정적으로 적응해간다. 부모에게 기본적인 신뢰감이 있을 때 교사와의 적응도 쉽다는 뜻이다. 신입원아에게 주어지는 갑작스러운 격리는 심리적 충격을 경험하게 하고 타인이나 낯선 환경에 적응하며 살아가는 과정에 부정적인 영향을 준다. 가정과 기관이 협력하여 스트레스를 이겨낼 수 있게 배려해 주어야 한다. 처음부터 부모가 몰래 도망가는 행동은 분리불안을 가중시키며 더 많은 적응시간과 노력을 요한다.

적응 프로그램의 행동모형을 살펴보면, 다음과 같은 단

계를 필요로 한다. 안정적인 적응 소요일자는 평균 10일에서 14일에 걸쳐 진행되지만 영유아 개개인의 특성과 상황에 따라 융통성 있게 진행한다.

기본적인 순서는 짧게 방문하여 편안하게 둘러보기 → 오전에 짧게 놀이를 해보며 등원 시작하기 → 오전 놀이와 점심식사 해보기 → 점심 후 낮잠 자기까지 해보기 → 낮잠을 자고 일어나서 오후 놀이까지 해보기 → 종일제 프로그램의 정상일과에 참여하기 등의 과정을 거치게 된다.

처음에는 부모와 함께 놀이실을 탐색하고 약 1시간 방문의 형식으로 머물다 간다. 입학 전 기관의 마당에서 온가족이 함께 놀다가는 방법도 친밀감을 높인다. 부모가 담임교사와 이야기나누는 장면을 친근하게 보여서 더욱 빨리 적응할 수 있도록 신뢰감을 준다.

만나자마자 교사가 안아주거나 교실에 밀어넣는 것보다는 교사가 제공하는 장난감을 통해 간접적인 접촉을 시도하며 서로 인사를 하고 놀잇감을 소개하며 함께 놀이를 한다. 부모는 몰래 도망가거나 숨어서 지켜보지 않고 반드시 인사하고 잘 헤어져야 한다. 이때 많이 울게 되지만 익숙한 장난감으로 안정을 시키고 교사와 접촉을 한다. 경우에 따라 집에서의 익숙한 장난감이나 물건을 가져와도 좋다. 기관에 오는 것은 엄마와의 특별한 약속임을 말해주며 데리러 오겠다는 시간을 꼭 지킨다. 약속을 지키지 않으면 불안이 커지고 교사가 엄마와의 사이를 갈라놓는 존재라고 생각한다.

귀가 후에는 부모가 적응행동을 격려하고 칭찬해주도록 한다. 엄마와 떨어져서 잘 지낸 것이 자랑스럽다고 말해준다.

4 양육태도의 모형

부모의 양육태도 모형 중 가장 널리 알려진 것은 Schaefer (1959)의 모형이다. 부모의 태도를 자율과 통제, 애정과 거부의 상반된 개념으로 구분하고 있다. 양육태도에 관한 이론들은 부모의 태도에 따라 자녀의 성향과 인간관계의 특성이 형성된다고 본다. 가장 이상적이고 민주적인 양육태도의 부모가 되기 위해 자신의 태도를 점검하고 노력해야 할 것이다.

자율적이고 애정적 태도의 부모는 민주적이고 협동적인 부모-자녀관계를 보여준다. 자율적이고 거부적인 태도의 부모는 자녀와 거리감이 있으며 무관심과 소홀을 보여준다.

애정적이고 통제적인 태도의 부모는 지나친 접촉관계에서 과보호를 일삼아 의존적인 자녀가 되는 것을 조장한다. 거부적이고 통제적인 부모의 태도는 권위적인 태도로 독재자처럼 자녀를 대하며 지나친 요구를 하는 경향이 있다.

권위적이고 독재적인 태도는 부모에 의해 설정된 규칙 때문에 반항하는 자녀를 지도해야 하는 경우가 있으며 부모의 지시와 명령에 따라 생활하는 가운데 부정적 자아개념이 형성된다. 강압적 방법의 훈육을 받고 자라면서 비굴한 성격에 책임감이 결여된 상태로 자라게 된다.

과잉보호적 태도는 자녀의 자신감이나 인내심을 결여되게 하며 지나친 간섭은 스스로 적응하는 능력의 결핍으로 쉽게 좌절하는 성격으로 자라게 한다. 자녀의 요구를 무조건 수용하고 관심을 독점하는 양육태도는 자녀의 또래관계 형성을 어렵게 만든다.

거부적 태도는 자녀를 무시하는 과정에서 타인과의 애정관계에 어려움을 겪게 하고 부정적인 자아개념을 갖게 한다. 이러한 태도의 부모는 때리거나 벌을 주며 훈육을 하기 때문에 가혹한 양육을 경험하면서 타인에 대한 거부와 적개심을 갖게 된다. 감정이 폭발하기 쉬운 성품으로 자라고 이러한 자녀의 가정은 대부분 가족관계가 불안하다.

민주적인 양육태도는 가장 이상적인 부모태도의 모형으로 자녀를 있는 그대로 수용한다. 발달 특성을 이해하기 때문에 자녀의 능력에 적합한 요구를 한다. 교육적이고 바람직한 훈육을 위해 노력하며 가족 내 합리적인 규칙이 있다. 풍부한 사회적 접촉을 제공해주며 부부가 일관되게 자녀교육에 대한 생각을 공유한다. 정직하고 성실한 태도로 좋은 모범이 되며 긍정적인 생활태도를 보여준다.

5 아이방 꾸며주기

어린 영유아도 자신의 장소에서 안도감을 느끼며 소유에 대한 자신감을 느낀다. 아직 남과 나눌 수 있는 사회적 성장이 미숙한 상태이므로 자기가 원하는 대로 이루어지는 일정한 공간은 아이에게 안정감을 준다. 자신의 방을 가질 수 없는 상황이라면 아무리 작고 비좁더라도 자신의 것이라고 생각할 수 있는 공간을 마련해 준다. 성인의 영역 중 방 한 구석을 내어주고 혼자 즐길 수 있는 장소를 줄 수도 있다. 다른 사람과 함께 쓰는 공간에서 놀잇감이나 물품을 일정한 장소에 배치해준다. 화장실의 수건과 칫솔도 한 자리에서 발견될 수 있게 하며 가족 식탁의 위치도 일정한 자리를 정해준다. 신체 각 기능의 발달이 미숙한 아이들이 넘어지거나 움직이는 과정에서 다치는 일이 없도록 안전이 우선되어야 한다.

색상이나 디자인을 아이답게 선택한다. 차분하고 단순함을 기본 콘셉트로 꾸며주고 띠벽지나 촉각카드, 그림 등의 장식을 해주고 싶으면 아이의 눈높이를 맞춰준다. 좋아하는 헝겊인형이나 커다란 동물그림을 일정한 곳에 배치해 주면 혼자 있을 때의 공포감을 덜어준다.

아이의 방은 많은 놀잇감 때문에 복잡해보이기 쉬우므로 공간의 색채를 통일하여 안정감을 느낄 수 있게 한다. 기본 색상을 부드럽고 차분한 느낌의 옅은색으로 해주면 놀잇감이나 작은 가구가 쉽게 눈에 들어온다. 손자국이나 크레파스 자국을 쉽게 물로 지울 수 있는 벽지를 선택한다.

이동이 용이한 형태의 작은 가구로 상황에 따라 쉽게 배치를 바꿔줄 수 있다. 가구의 재질과 색상을 동일한 것으로 선택해주면 안정감을 느끼는 데 도움이 된다. 침대 밑에 옷이나 물품을 정리할 수 있는 수납공간이 있으면 보다 정돈된 느낌의 방을 만들 수 있다. 아이의 방은 잠을 자고 놀이도 하는 여러 가지 용도의 공간이기 때문에 가구를 한 쪽으로 배치하여 아이가 움직일 수 있는 공간을 넓게 확보해준다. 여러 가지 물건들이 바닥에 놓여지면 안정감도 떨어지고 놀이공간에 제약을 받게 되므로 가능하면 바닥의 공간을 최대로 확보해준다.

바닥에 카펫이나 면패드 등을 깔아주면 아이가 넘어졌

을 때 손상을 막아주고 소음을 흡수해준다. 반면에 세균이나 먼지를 보유하게 되므로 청결유지에 세심한 주의를 기울여준다. 놀잇감의 정리나 청소에 역할을 준다. 함께 종잇조각을 줍고 쓰레기통을 비우고 먼지를 터는 과정에서 아이는 자기공간에 대한 사랑과 책임감을 배우며 성장한다. 만 3세 이상이 되면 정리정돈의 개념이 형성되는 시기이므로 정리장을 손이 닿는 곳에 배치해주고 정리하는 방법을 꾸준히 가르치면서 훈련시킨다.

3월

1 바람직한 대화법

울음으로 의사표현을 하던 아기가 옹알이를 하고 엄마, 아빠를 부르면서 한 단어씩 발음하다가 문장을 말하기 시작한다. 인간의 언어를 말하기 시작하면서 자신의 주장이 생기고 부모에게 자신의 고집대로 하겠다고 할 때가 많아진다.

천사 같은 얼굴로 눈에 넣어도 안 아프게 행동하던 아이가 돌변하여 고집을 피우고 떼ask for the impossible를 쓰면 난감해지기도 하고 화가 난다. 어떻게든 달래보려고 애를 쓰기도 하고 매를 때리면서 버릇을 잡겠다고 팔을 걷어붙이지만 더 강하게 주장을 해온다.

영유아기 자녀와 대화를 잘 할 수 있는 방법은 마음을 읽어주고 이해하는 것에서 출발해야 한다. 많은 부모교육 이론에서 강조하고 있는 기법에는 적극적 경청과 나 전달법이 있다.

적극적 경청Active listening이란 자녀의 감정을 진심으로 이해하려는 태도를 보이고 느끼게 해주는 기법이다. 기본적으로 대화를 통해 해결하려는 자세를 가져야 하며 자녀의 문제 해결 능력을 인정하는 것에서 출발한다. 화를 내고 떼를 쓸 때 혹은 무리한 요구를 해올 때 "우리 ~~이가 ~~하고 싶은데 엄마가 안 들어주니까 화가 났구나"라는 말로 일단 감정을 읽어준다. 이해하려는 자세로 감정을 진정시킨 다음 "우리 ~~가 ~~게 해보면 어떨까?"라는 제안을 통해 협상을 시도한다. 이러한 태도와 실천은 자녀와의 온정적인 관계를 증진시키고 부모에 대한 경청태도를 배우게 한다.

나 전달법I-Message은 솔직한 감정표현으로 부모를 신뢰하게 하는 대화법이다. 지시나 해결 메시지가 아닌 행동수정이 가능하며 자녀 스스로 문제를 해결하는데 도움을 준다. “아침에 일어나지 않는 너 때문에 죽겠다. 이제부터 일찍 일어나지 않으면 혼난다” 등의 말 대신에 “아침에 일찍 일어나 주면 엄마가 출근 준비할 때 뛰지 않아도 되거든. 알람시계가 울릴 때 일어나 줄 수 있겠니? 알람시계 말고 다른 방법으로 일어날 수 있니?”라는 말을 한다. “너 때문에 집이 너무 어질러져서 미치겠어, 다 갖다가 네 방에 정리해!”라고 말하는 대신에 “엄마가 매일 청소하는 게 너무 힘들단다. 네 물건을 정리해주면 고맙겠다. 어떤 방법으로 하면 좋을까? 엄마는 네 방에 박스 두 개를 두고 네가 정리할 수 있게 하고 싶은데 네 생각은 어때?”라고 말한다.

자녀인 네가 아닌, 부모인 나의 입장을 전달할 때 부모에게 감정이입이 가능하며 개방적인 의사소통의 기법을 터득하고 경청하는 태도를 기르게 해준다.

2 선생님과의 관계

아이를 기관에 보내놓고 나면 은근슬쩍 담임선생님과의 관계가 고민되기 시작한다. 치맛바람까지는 아니어도 주기적으로 찾아가서 만나봐야 하는 건 아닌가, 학급운영에 약간의 불만이 있는데 만나서 밝혀봐야 할 일인가, 우리 아이에게 무관심한 건 아닐까 등등 많은 생각을 하게 된다. 부모들이 자신의 아이가 기관에서 좋은 배려를 받고 지내고 있다는 느낌을 원하는 것과 마찬가지로 교사들 역시 원아들과 그들의 부모에게 좋은 인상을 주고 싶어 한다. 서로의 입장을 고려하여 예의를 갖추고 대하는 것을 기본 전제로 어떻게 관계를 맺어가야 할지 정리해보자.

자녀의 기관생활이나 문제행동에 대해 긴급하게 상담을 해야 할 경우가 아니라면 굳이 선생님을 개인적으로 찾아가지 않아도 된다. 기관의 일과는 종일반 형태가 많고 수업외의 여러 업무들로 너무나 분주한 하루를 보내는 교사에게 갑작스러운 상담은 부담이 될 수 있다. 일반적으로 많은 기관은 1학기와 2학기에 각각 한 번씩 부모와의 시간을 조율하여 정기상담을 계획한다. 하고 싶은 말을 잘 정리하여 정해진 시간에 조리있게 전달하고 오면 된다.

등원과 귀가시간에 가능하면 긍정적인 인상을 남긴다. 선생님을 만나면 눈을 마주보면서 경쾌하고 예의바른 인사를 나눈다. 출근시간에 쫓겨 땀을 뻘뻘 흘리지 않도록 여유 있게 등원하도록 한다. 일찍 자고 일찍 일어나는 '새나라의 어린이'는 엄마아빠도 생활리듬을 맞춰야 가능해진다.

선생님께 남기는 인상과 분위기뿐만이 아니라 내 아이의 자존심을 위해서도 단정하고 정갈한 모습을 유지해야 한다. 같은 반 엄마들의 평균 나이보다 열 살 정도 많았던 저자의 아들은 늘 귓속말까지 해가며 멋부려 줄 것을 요구하곤 했다. "엄마, 머리는 채린이 엄마처럼 한쪽을 어깨 앞쪽으로 내서 구불구불하게 해. 구두는 저번에 산 거 있지? 좀 높은 거, 그걸로 신어. 눈화장 할 때 반짝이는 거 조금 바르고 속눈썹은 파랑으로 칠해......"라고 말했는데 다른 건 다 들어줬지만 파랑 마스카라는 사들고 다니면서도 차마 바르지 못했다.

학급 운영이나 지도에 불만사항이 있을 때는 과격한 언어나 태도로 따지기보다는 전화로 상담시간을 예약하고 찾아가서 예의를 갖춘 태도로 정중하게 요청한다. 영유아를 대상으로 교사생활을 하는 대부분의 사람들은 여리고 상처받기 쉬운 성품을 가지고 있다. 교사들의 일부는 천진난만한 영유아들과는 행복하게 살 수 있지만 '무서운 부모'를 견디지 못하고 이직하기도 한다. 내 아이 하나만 양육하기도 힘든데 집단형태의 영유아들을 교육하고 보호하는 교사들의 업무에 역지사지易地思之 이해하는 태도를 보여주면 힘을 얻는다. 무엇보다 상대는 내 아이를 사랑하는 교사다.

부모와 교사 모두 영유아 앞에서는 어느 누구에 대한 험담도 하지 않아야 한다. 타인에 대한 부모의 태도는 아이에게 거울과 같은 효과로 나타난다. 내 자녀가 자신이 다니고 있는 기관에 자부심을 가지고 있을 때 즐겁게 놀이하며 교육의 효과도 배가된다.

3 건강한 식습관

영유아교육기관이 많지 않았던 엄마아빠 세대에는 편식하는 아이들이 참 많았다. 야채를 싫어하는 아이들이 많았고 특정한 생선이나 고기를 아예 못 먹는 경우도 볼 수 있었다. 최근에는 어린 나이부터 기관생활에서 집단급식으로 다양한 재료의 음식들을 접해보는 가운데 식사예절까지 배우고 있다. 기관과 일관성 있는 교육을 위해 가정도 식탁에서의 바른 지도법을 알아보자.

편식이 심한 아이의 경우 낯선 것을 싫어하는 특성을 갖는다. 이런 아이들일수록 싫어하는 음식이나 재료를 많이 접해보게 하는 과정을 통해 친밀감을 갖게 해준다. 오이나 당근을 싫어하는 아이에게는 오이나 당근 같은 야채들이 주인공인 동화를 들려준다. 식빵 위에 재미있는 얼굴 만들기 등의 놀이를 통해 오이는 코로, 당근은 입술로 표현하는 것을 자연스럽게 보게 하면서 요리활동으로 즐겁게 보낸다. 당근을 갈아서 수제비 반죽을 만들어 제공해주면 색감 때문에 관심을 가지고 먹기도 한다. 함께 놀이하면서 만든 음식을 맛있게 먹는 모습을 자연스럽게 보여주고 억지로 먹이지 않는다. 기관의 식단표를 참고하여 반찬을 만들어 준다. 집에서는 안 먹는 음식도 친구들과의 분위기 때문에 즐겁게 먹어보는 경험을 하기 때문이다. 한 번 먹어보고 선생님께 칭찬을 받았다면 다시 한 번 시도하는 용기를 내게 된다.

식사 전과 후에는 가족 모두가 손을 씻고 식후에는 반드시 이를 닦는다. 엄마나 아빠가 음식을 준비하는 동안 3세 이전의 아이는 식탁 등을 켜는 일, 좀더 자란 아이는 수저를 세트로 놓기 등으로 식탁 차리기를 돕는다. 핵가족 시대에 남과 더불어 살아가는 연습의 기회가 되며, 숟가락과 젓가락의 세트를 맞추면서 수학의 기본 개념인 일대일 대응의 학습기회가 된다.

기관의 교육과정에도 포함되어 있지만 부모의 시범으로 수저의 바른 사용을 알게 하고 식사시간에는 돌아다니지 않고 바른 자세로 앉는 습관을 갖도록 한다. 간식은 15분 정도, 식사는 30분 정도 이내에 마치도록 한다. 명문가의 교육을 소개해놓은 자료들을 보면 케네디가家는 모든 교육의 기초가 식탁에서 이루어진 것을 알 수 있다. 부모는 직장생활, 아이들은 기관생활로 흩어져 있다가 함께 만나는 지점이자 모든 가정교육의 산실이 식탁인 만큼 이 시간을 잘 활용해야 할 것이다.

4 가족 시간표

우리나라의 저출산 극복 정책은 '일과 가정의 양립'을 도와주는 것을 핵심으로 하고 있다. 국가가 나서서 영유아가 있는 가정을 도와주겠다고 해야 할 만큼 일과 가정의 양립이라는 과업은 어렵고도 험난하다. 조직에서 직장생활을 하는 부모들은 경쟁에 밀리지 않아야 하며 자녀의 양육을 위해 돈도 벌어야 한다. 한 조사에 의하면, 결혼을 앞둔 청년들이 맞벌이를 원하는 경우가 98%로 조사되었고 지금의 약혼자가 직장을 버린다면 결혼을 다시 고려하겠다고 답한 경우가 79%로 나타났다. 홑벌이로 주거문제와 양육문제를 해결하지 못하는 우리나라에서 부부 동시 취업 가정은 이제 가장 흔한 가족의 형태가 되었다.

일을 마치고 기관에서 지내던 아이들을 집으로 데리고 돌아오면 많은 가사노동이 기다리고 있다. 부부가 합심하여 열심히 헤쳐 나가지만 대부분의 일에 능숙하지 못하기 때문에 갈등을 겪기 쉽다. 가사나 육아의 문제도 직장에서의 업무분석과 분장처럼 합리적으로 해볼 것을 권한다. 우리 가정이 유지되기 위해 실행되어야 할 모든 일들을 다 적어보고 비슷한 유형, 한 공간에서 할 수 있는 일 등으로 분류하여 주간 일정표를 작성해본다. 매일의 일상도 각자의 책임영역을 명시한 표로 작성하여 냉장고 앞 등 눈에 띄는 곳에 붙여놓고 실천한다. 살림을 도와주는 분이 있는 경우도, 해야 할 일을 정리해보면 부탁사항 전달이 용이하다. 저자가 아들 JY가 어렸을 때 실천해본 사례이다. 참고하여 각 가정의 업무일정표와 분장표를 만들어보기 바란다.

주간 일정표

월 냉장고 정리, 주방소독, 스킨팩 붙이고 체조, JY블록정리, 주간일정 점검하기, 가족의 일주일 의상 계획

화 안부전화, 메일 보내기, 옷정리 & 다림질, 육아일기 쓰기

수 베란다 & 화장실 물청소, 화분 돌보기, 세탁, 요리

목 목욕(헤어트리트먼트, 눈썹정리, 화장실 정돈), JY물놀이 용품 교체, JY방정리와 놀잇감 세척, 손톱깎아주기

금 가계부관리, 옷정리, 주말계획, 주간식단 짜기, 쇼핑목록 함께 만들기

토 쇼핑, 요리, 커튼이나 이불 등 패브릭 점검과 세탁, 현관 청소, 가족산책

일 일하지 말고 계획대로 놀고 휴식, 가족 화목활동 하기

매일 할 일

엄마 JY교육계획안 보기, 다음 날의 아침식사 준비 후 자기, JY알림장쓰기, 바닥 닦기

아빠 가습기 관리, 아침식사 차리기, JY씻기기, 하루 한 번 환기 시키기

JY 자동차정리, 아빠랑 씻기

5 책 고르기

교육열이 세계 최강인 우리나라에서는 영유아용 도서출판이 홍수를 이루고 있다. 매일매일 새롭게 진열되는 수많은 책 중에서 어떤 것을 골라줘야 할 지 난감하다.

우선 세 가지의 원칙에 근거하여 선택을 해보자.

첫째, 한 질로 된 것보다는 낱권으로 사주는 것이 좋다. 많은 가정에서 한 질로 된 몇 십 권의 책을 구입하여 몇 해씩 책장에 진열해놓고 있다. 이미 그렇게 구입해놓은 것이 있다면 눈에 띄지 않는 곳으로 옮겨놓고 2주에 한 번 정도 낱권으로 제시하여 변화를 줘보자. 영유아들의 흥미는 지속시간이 짧기 때문에 늘 같은 장소에 같은 방식으로 놓여 있는 책에는 무관심할 수밖에 없다. 낱권으로 제시하고 가능하면 표지나 그림 등이 보이게 진열해놓는다.

둘째, 흥미나 발달수준에 맞는 책을 줘야 한다. 만 1세 이전에는 물체를 인식하는 데 도움을 주는 사물 그림책이 적당하다. 일반적으로 생후 10개월부터 그림책에 관심을 보인다. 만 1세에는 색깔을 알아볼 수 있으며 이제 막 한 단어를 말할 수 있는 발달수준에 와있기 때문에 어휘 수를 늘려주고 사실적인 그림을 통해 물체를 확인하는 수준이 좋다. 주로 동물, 교통기관, 과일, 꽃 등의 주제로 이루어진 책들이 많다. 그림 한 가지와 그림을 나타내는 이름이 한 페이지에 담겨있다. 만 1세에서 2세에는 언어발달이 촉진되고 기본생활습관 형성에 도움을 주는 내용이 좋다. 2세에 도달하면 한번에 두 단어 이상으로 말하며 자신의 욕구를 표현할 수 있다. 언어발달이 급속도로 이루어지는 시기이며 남의 말을 흉내내려고 하고 책의 내용을 종알거리면서 마음대로 읽는다. 1세 이전에 적합한 책이 사물의 이름을 의미하는 명사중심이라면 1세 이후의 책은 행동묘사가 포함된 동사중심인 것을 고른다. 맛있게 먹는다, 즐겁게 춤을 춘다 등 행동묘사가 포함된 것이 좋다. 반복구성과 재미있는 문장이 들어있는 책은 여러 번 읽어주기를 원한다. 만 2세에서 3세에는 상상력과 호기심이 크게 발달하고 익숙한 책들은 암송한다. 상상력을 키워주는 내용, 주변세계를 재미있게 각색한 내용 등이 좋다.

셋째, 그림책의 읽기활동은 부모와 함께 하는 것이 좋

다. 부모가 책을 읽어줌으로써 언어발달이 촉진되고 어휘도 늘어난다. 아이를 무릎에 앉혀놓고 책을 읽어줌으로써 상호간의 피부접촉의 기회가 되어 애착관계가 강화된다. 부모가 읽어주는 이야기를 귀로 듣고 책 속의 그림을 눈으로 보면서 아이는 상상의 세계에 빠져든다. 쉽게 동화될 수 있는 줄거리의 책을 골라줘야 한다. 책을 통해 주입식으로 많은 것을 가르치는 것보다는 생각하는 힘을 길러주어 훗날 창의적 사고와 문제 해결력을 가진 사람으로 성장하게 하는 원천을 만들어주는 일이 더 중요하다. 그림책은 다른 놀잇감과 마찬가지로 아이에게 즐거움을 줘야하며 부모와 함께 읽는 동안 행복한 상상 속에 빠져들게 도와주는 도구이다.

4월

1 바깥놀이 즐기기

예전 같으면 또래친구들과 동네를 헤집고 돌아다니며 온갖 놀이를 즐겼던 나이에 우리의 아이들은 엄마아빠의 직장생활, 조기교육에 대한 사회적 분위기에 편승한 부모의 욕심 등으로 일찍 기관생활을 시작한다. 집단생활에서 사회성이 발달되고 인지능력이 촉진되는 등 긍정적인 교육

효과도 많지만 맑은 공기를 마시며 자유롭게 뛰어놀지 못하는 아이들을 보면 안쓰러운 마음이 든다. 연령이 올라갈수록 기관에 머무는 시간이 길어지고 종일반 수업에 참여해야 하는 아이들이 늘고 있다. 스트레스에 관심을 갖고 해소할 수 있는 여러 방안을 찾아 제시해주어야 한다.

우리나라의 어린이집 평가지표를 보면 하루에 1시간 반 이상의 실외놀이를 포함하는 보육과정이 높은 점수를 받을 수 있다. 외국의 평가지표에서도 하루 중 신선한 공기를 마실 수 있는 시간이 얼마나 안배되어 있는지 보고 있다. 교실 내에 갇혀 장시간 있어야 하는 아이들의 정신 및 신체 건강을 배려한 지표라고 생각한다. 바깥놀이를 하기 위해 실외로 나갔다 들어오는 과정에서 겉옷을 스스로 입어보고 신발을 신고 벗는 자조기술도 익히는 기회가 되기도 한다.

영유아기는 구체물을 만지고 놀면서 직접 경험을 통해 개념을 학습하는 특성을 갖기 때문에 실외에서 여러 가지 자연물을 접하면서 감각을 발달시키고 노는 가운데 탐구학습이 일어난다. 책이나 일방적인 가르침이 아닌 직접경험을 통해 학습하는 특성을 이해한다면 다양한 바깥놀이를

즐기도록 해주어야 한다.

가능하면 친자연적인 환경에서 즐겁게 뛰어놀도록 해주고 달리기, 던지기, 오르기, 따라가서 잡기 등의 대근육 발달을 위한 활동을 하도록 한다. 모래나 물, 작은 돌멩이들을 만지고 주무르면서 노는 것도 정서발산에 도움을 줄 수 있다. 책읽기와 그림 그리기 같은 정적인 활동도 바깥놀이터에서 해볼 수 있게 해준다. 신선한 공기와 햇살을 느끼면서 그림을 그리고 가족과 함께 책을 읽는 장면은 참 평화롭게 느껴진다. 나무나 곤충 등의 관찰을 통해 동식물의 생태를 자연스럽게 이해하게 된다. 가정에서도 씨앗에서 싹이

나고 꽃이 핀 후 열매를 맺는 과정을 모두 볼 수 있는 수종을 선택해 화분에 심고 함께 물을 주면서 돌봐주는 과정을 아이와 함께 해볼 것을 권한다. 식물의 한살이를 저절로 알 수 있다.

고도로 발달된 사회일수록 자연을 중시하는 생태중심 유아교육이 필요하다. 자연 속에서 자연과 더불어 조화되는 생활로서의 교육이 될 수 있도록 바깥으로 나가 다양한 체험을 하게 해주자. 생명의 존엄성, 자연을 보는 통찰력, 자연과 더불어 사는 삶에 대해서까지도 관심을 갖도록 해주자.

2 안전한 환경

아이들이 활발하게 돌아다니는 가정 내의 여러 공간들을 점검해 봐야 한다. 안전에 만전을 기해주는 일도 부모의 기본 업무일 것이다. 안전사고는 기관보다 자신의 집 주방과 거실 등에서 더 빈번하게 발생하고 있다.

주방의 안전을 위해서 중간밸브를 꼭 잠그는 습관이 필요하다. 어린 아이들은 밸브를 만지고 노는 것을 즐기며 손의 힘에 의해 움직여보는 즐거운 놀이로 생각하여 밸브를 돌려놓는 경우가 있다. 조리기구 역시 손잡이를 안쪽으로 돌려놓아 잡아당기지 못하게 해야 한다. 정수기의 온수는 성인만 조작할 수 있게 해둔다. 깨지는 재질의 식기나 날카로운 주방기구는 손이 닿지 않는 곳에 둔다.

거실의 경우 바닥재는 미끄러지지 않는 소재가 좋으며 물기가 있으면 미끄러지므로 항상 마른 상태를 유지한다. 아이들이 활동적으로 움직이는 공간이기 때문에 잦은 환기로 공기를 맑게 해준다. 전기 콘센트에 손이 닿지 않도록 하고 낮은 위치의 경우 안전캡으로 보호한다. 콘센트는 두 개의 구멍에 젓가락을 집어 넣고 놀다가 감전사한 사례가 있을 만큼 위험한 것이므로 안전에 대한 지도를 철저히 한다. 책을 읽거나 놀잇감을 가지고 놀 때 편안함을 주는 조명으로 시력을 보호해준다. 가능하면 자연채광으로 밝고 환한 위치에서 놀도록 한다.

베란다에서는 혼자 놀지 않도록 하고 방충망이나 창문의 안전을 수시로 점검한다. 가정 내 쓰레기를 신속하게 처리하여 위생적인 환경에서 자라도록 하고 재활용 쓰레기를 분류하는 일에 가족 전체가 놀이처럼 함께 참여한다. 아이들에게는 가볍고 깨끗한 종이나 스티로폼 등을 맡기고 깡통이나 병처럼 위험요소가 있는 것은 장갑을 끼고 안전하게 분류하는 모범을 보여준다. “스티로폼 가족이 함께 모여 쓰레기통으로 여행을 갈 수 있게 도와줄 사람을 찾습니다~” 등의 재미있는 말로 동기유발을 시키는 것이 좋다. 쓰레기를 버리는 일이 더럽고 하기 싫은 가사노동이라는 느낌이 들지 않도록 놀이처럼 즐기는 분위기를 만들어 보기 바란다.

물리적인 환경뿐만이 아니라 질병예방을 위한 안전도 점검한다. 충분하고 고른 음식을 섭취시켜주는 일은 부모의 의무이다. 정해진 시기에 예방접종을 시켜주는 일도 해당된다. 환경관리와 더불어 씻겨주기, 깨끗한 옷 입히기, 손, 발톱 관리해주는 일에도 소홀하지 않아야 한다. 애완동물로부터의 보호, 약물오남용을 방지하기 위해 정해진

용법과 용량 지키기, 소속된 사회에서 용납이 되는 용모로 모범 보이기 등 부모가 관심을 가져야 할 부분이 많다. 아이들은 깨끗하고 안전한 환경에서 자랄 권리가 있기 때문이다.

3 자기통제와 욕구조절

영유아기는 자기통제와 욕구조절의 기초를 형성하는 시기이다. 뇌의 전두엽이 행하는 논리적인 사고, 충동조절, 정서표현 방법의 습득, 도덕성의 발달 등에 필요한 능력들이 다양한 놀이와 또래관계를 통해 이루어진다.

자기통제란 자신이 원하는 상황과 상반된 상황에서 사회적으로 승인이 될 수 없는 언행을 억제하는 능력을 말한다. 순간적인 욕구나 충동을 억제하고 만족과 즐거움을 자제하여 지연시키는 과정을 통해 보다 크고 장기적인 목표를 달성하려는 의지를 뜻한다. 욕구조절은 부정적 정서와 충동성을 조절함으로써 부적절한 행동을 억제하는 능력을 의미한다. 자기통제와 욕구조절능력은 유혹에 저항하는 능력, 만족을 지연하는 능력, 충동을 억제하는 능력이 포함된다.

미국의 한 유명대학에서 실시한 머시멜로우 실험은 유아들의 자기통제와 욕구조절을 잘 보여준다. 이 실험은 정서지능의 측정 같은 측면의 연구에서도 인용되곤 한다. 한 학급의 유아들 앞에 머시멜로우를 놓고 일정시간 동안 먹지 않고 참을 수 있으면 한 개를 더 주겠다고 말한 뒤 행동을 관찰한 실험이다. 손가락에 침을 발라 슬쩍슬쩍 맛을 보는 아이, 아예 외면하기 위해 엎드린 아이, 참을 수 있게 해달라고 간절하게 기도하는 아이, 먹고 싶은 욕구와 씨름하다 울음을 터트린 아이, 끝까지 참아낸 후 상으로 한 개를 더 받아 떳떳하게 승리한 아이...... 이 아이들의 생활을 추적해 본 결과 잘 참아내는 과업에 성공한 아이들 대부분은 전문직을 가진 성인으로 성장하였고 행복지수가 높은 삶을 살고 있다는 것이다.

어린 시기일수록 만족을 지연시키고 충동을 억제하는

데 어려움을 갖는다. 하지만 이러한 능력에 관여하는 뇌, 즉 전두엽의 발달에 결정적인 시기라는 점을 염두에 두고 놀이지도와 또래관계에 관심을 가져야 한다. 가정에서는 혼자 독차지 하고 놀았던 장난감을 교실내 모든 인원과 공유해야 한다. 내가 가지고 놀고 싶지만 벌써 다른 친구의 손에 들어가 있는 장난감을 가지고 놀려면 그 친구의 놀이가 끝날 때까지 기다려야 한다. 친구와 싸우면 선생님의 중재로 서로의 입장을 알아보고 사과한 후 다시 사이좋게 논다. 식사시간에도 나 혼자만 먼저 먹지 못한다. 나를 포함한 식탁의 모든 친구들에게 배식이 끝난 다음 감사인사를 나누고 먹는다. 바깥놀이터의 놀이기구를 이용하기 위해 줄을 서서 기다린다. 영유아기에는 이러한 과정들의 직접경험을 통해 자기통제와 욕구조절을 배우고 익혀간다. 책이나 주입식 설명으로는 불가능한 발달과정이다. 친구들과 활발하게 놀아야 하는 중요한 이유이며 유아교육기관의 주요 활동은 '공부'가 아닌 놀이형태가 되어야 하는 이유이다.

4 반항행동 다루기

아이가 어릴수록 자신을 보살펴주는 성인에게 관심이 집중되어 있고 그 사람으로부터 인정받고 싶어 한다. 때로는 권위자와 싸워서 이기려고 하는 경향이 나타난다. 피곤하거나 기운이 없을 때는 곁에 함께 있어주고 아이의 요구를 만족시켜주는 것이 좋다. 그러나 일상생활 가운데 원하는 것을 모두 만족시키는 것이 오히려 아이에게 바람직하지 못한 경우가 있다. 영유아기에 부모가 해야 할 중요한 과업은 좋은 버릇을 가르쳐야 하는 것이다.

좋은 버릇을 가르치기 위해서는 일관된 행동을 보여주어야 한다. 아이가 할 수 있는 일과 하지 말아야 할 일을 구별할 수 있게 되기까지 많은 시간과 노력이 필요하며 인내심도 요구된다. '안 돼'라는 말은 아주 중요하다고 생각되는 순간을 제외하고 너무 자주 사용하지 않는 것이 좋다. 안 돼라는 말보다는 어떻게 하도록 방법과 이유를 설명해준다. 안 돼라고 소리치며 물건을 빼앗기만 하지 말고 '커피콩을 삼키면 목이 아프니까 입에 집어넣지 말자'라는 설명을 한다. 어릴수록 잘못된 이유를 지적하되 심하게 나무라지 않아야 한다. 알아들을 때까지 여러 번 반복해서 말해준다.

빠르면 생후 13개월부터 아이는 부모의 말을 듣지 않는 반항행동을 보인다. 고집을 피우고 떼를 쓰기도 한다. 24개월 무렵은 당황스러울 만큼 떼쟁이가 된다. 모든 아이에게 일어나는 일이라는 사실을 인정하고 느긋하게 대처하려는 마음자세가 필요하다. 부모가 흥분해 어쩔 줄 모르고 화를 내는 상황에서는 교육의 효과를 기대하기 어렵다. 체벌을 사용하면 일시적인 효과는 있을 수 있으나 부모에게 적개심을 갖게 되는 등의 부정적인 결과를 낳는다. 반대로 아이가 고집을 피울 때마다 져주는 것은 점점 더 감당하기 어려운 아이가 되게 하는 결과를 낳는다. 생떼를 써도 안 될 때가 있다는 것을 단호하게 가르친다. 이때 가장 필요한 것이 일관성이다. 사람이 많은 곳에서 창피하다는 이유로 요구를 들어주거나 이랬다저랬다하면 효과를 보지 못한다. 아빠는 들어주고 엄마는 무시해서도 안 된다. 엄마와 아빠, 다른 양육자가 있다면 모두가 일치된 반응을 보여준다.

조용한 목소리로 안 된다고 말하고 떼쓰는 행동을 무시

한다. 어느 정도 진정된 후에 억지를 부리는 부분이 왜 안 되는지 이유를 설명한다. 가능하면 긍정적인 어투를 사용하자. 볼펜으로 거실바닥에 긁적거리는 아이에게 거실에서는 하지마라고 말하는 것보다 커다란 종이를 준비해주고 그림은 종이에 그리라고 말해준다. 긍정적인 말이 긍정적인 행동을 유발시키기 마련이다. 아이가 받아들이고 긍정적인 행동을 하게 되면 반드시 칭찬을 해준다. 칭찬은 아이의 자존심을 키워주며 가지고 있는 능력을 최대한 발휘하도록 북돋아주는 중요한 요소이다.

5 돈에 대한 바른 개념

인간의 삶에서 돈이 차지하는 비중이 크다. 어린 시절부터 돈의 가치, 기능과 관리, 합리적인 선택과 소비 등의 경제관련 개념을 쉽고 재미있게 가르쳐 줄 수 있다. 일상생활 속에 돈에 대한 건전한 가치관을 형성하도록 도와주는 방법을 찾아보자.

돈에 대한 아이들의 대화를 들어보면 저절로 미소가 지어진다. 가게놀이를 하면서 흥정을 할 때 문구 한 가지의 가격을 천만 원이라고 말하기도 한다. 가격 정찰제인 백화점이나 마트가 아닌 시장에서의 경험이 있는 아이는 깎아달라고 말하면서 놀이한다. 돈을 하나 냈는데 여러 장을 거슬러주면 오히려 돈을 벌었다고 생각하기도 한다.

내가 가지고 싶은 물건이 있을 때 요구를 들어주지 않는 부모에게 떼를 쓰거나 속상해 한 경험은 대부분 있는 것 같다. 돈은 은행에 가면 무한정으로 주는 것으로 아는 아이들도 있다. 평소 바른 소비와 저축의 습관으로 모범적인 경제생활을 하는 모습의 부모를 보면서 아이들도 거울처럼 그대로 행동을 배운다.

쇼핑을 할 때 충동구매보다는 사야 할 목록을 적어서 나간 후에 차례대로 구입하는 장면을 보여준다. 눈에 띄는 곳에 저금통을 놓아두고 저금하는 모습을 보여주는 것도 좋다. 얼마를 모아서 무엇을 살 예정이고 그 목적으로 저금을 하고 있다고 말해준다. 아이가 갖고 싶어 하는 것이 있을 때 엄마와 같은 저금을 권장해 본다.

돈은 은행에 가서 가져오는 것이 아니라 엄마아빠의 수입이 유한하다는 것을 가르쳐주고 가정에서 쓰게 되는 돈이 부모님의 노동의 대가로서 얻어지기 때문에 가치있게 사용해야 함을 알게 한다. 이러한 가르침은 주입식보다는 자연스러운 동화나 놀이를 통해 시도해본다. 다음의 사례들을 각 가정에 맞게 응용해보기 바란다. 돈이라는 소재도 즐겁게 시간을 보낼 수 있는 놀잇감이 된다.

- 어렸을 때 심부름을 가다가 다른 것을 너무 사고 싶은 것이 있었는데 잘 참아내고 집으로 돌아온 경험을 들려준다. '너라면 어떻게 했을 것 같아' 라고 생각을 물어본다. 그 상황을 그림으로 그리면서 보여줘도 재미있다.
- 사고 싶은 것을 한 가지씩 그려넣은 종이카드를 만들고 정해진 액수로 산다면 무엇부터 사야할지 우선 순위를 정해보는 놀이를 한다.
- 가족이 2편으로 팀을 나누어 돈으로 살 수 있는 것

(옷, 장난감)과 없는 것(사랑, 보고싶은 할머니)을 찾아 한 가지씩 말해보기 게임을 한다.

- 500원, 100원, 10원 동전으로 천 원(혹은 만 원)을 만들려면 몇 개씩이 필요한 지 쌓아본다.

5월

1 어린이날 선물 고르기

영유아들을 위한 장난감의 홍수시대라고 해도 과언이 아닐 만큼 많은 놀잇감을 볼 수 있다. 어린이날, 자신의 아이를 위해 좋은 선물을 해주고 싶은 것은 모든 부모의 마음일 것이다.

영유아들은 책이나 성인의 설명 같은 언어적 수단을 통

해서보다 놀이를 통해 더 많은 것을 쉽사리 습득한다. 여러 감각을 동원한 직접 경험으로 탐구하고 개념을 익혀가는 시기의 놀이는 성장과정에 절대적으로 도움이 되는 활동이다.

놀이에 필요한 놀잇감을 어떤 목적으로 구입하는가에 대한 계획을 세우고 연령이나 요구에 적절한 놀잇감을 선택해주어야 할 것이다. 놀잇감의 물량이 많아질수록 유익한 놀잇감의 선택에는 더 많은 신중함이 필요하다. 아이에게 어떤 놀잇감을 어떤 방법으로 주는 것이 좋을까? 최우선으로 고려해야 할 요소는 안전, 연령별 발달의 적합성, 교육적 효과이다.

어른들의 부주의로 위험요소에 방치되는 일이 없도록 놀잇감의 소재나 성분, 견고성, 사용방법, 상해나 질식의 위험, 교육적 효과 등을 꼼꼼히 살펴본 후 제공한다. 작은 부품이 분리되어 삼킬 수 있는 것, 할핀 등으로 찔러 만든 것, 모서리부분이 날카로운 것, 입으로 빨면 색깔이 묻어나오는 것, 사행심을 조작하는 것, 아이의 능력에 맞지 않아 좌절감을 주는 것은 피한다. 선택에 자신이 없으면 품질표

시를 확인하고 구입 여부를 결정한다. 상표, 재질, 해당 연령, 주의점이 명기되어 있다. 공업진흥청 인정마크인 검자나 품자, 생활용품 검사소 인정마크인 Q자가 있으면 품질검사에서 합격했다는 표시이다.

구입한 놀잇감을 어떻게 제공하는가에 따라 교육적 효과가 달라진다. 바람직한 제공을 위하여 몇 가지 유의사항을 생각해보자. 싫증을 내지 않도록 교환해준다. 한꺼번에 많은 양을 주지 말고 호기심을 유발시키도록 품목을 바꿔서 제공한다. 동적인 것과 정적인 것을 적절히 균형을 이루도록 제공한다. 가능하면 스스로 선택하여 놀게 한다. 자발성에 근거할 때 놀이의 즐거움과 교육적 효과는 배가된다.

놀잇감을 가지고 논 후 스스로 주변정리를 하도록 해서 바른 생활습관을 형성시킨다. 아이만의 정리할 공간을 마련해주고 자신의 물건을 담아보게 한다.

어릴수록 뭐든 입에 가져가는 특성이 있으므로 놀잇감은 자주 닦아 청결을 유지한다. 봉제인형의 경우 세탁을 한 뒤에 물기를 완전히 말려준다. 세탁을 하거나 닦아줄 때는 입으로 빨아도 무해한 세제로 빨아야 한다. 나무나 플라스틱 소재로 된 놀잇감은 세제를 푼 미지근한 물에 담가두었다가 부드러운 천이나 스펀지로 닦아준다.

2 연령별 놀잇감

세상에는 수많은 놀잇감들이 넘쳐나지만 내 아이의 수준과 흥미에 적합한 것을 제공해주면 교육적 효과를 더 많이 볼 수 있다. 각 연령별 발달단계에 따라 적절한 놀잇감의 종류는 다음과 같다.

0~1세 : 신체발달의 획기적인 변화를 겪는 시기이므로 감각기능과 같은 신체발달을 위한 놀잇감이 좋다. 특히 물건의 움직임이나 소리를 즐긴다. 오감의 발달을 위한 놀잇감을 살펴보자. 요람이나 벽에 붙이는 장식품들, 노래가 나오는 장난감, 스펀지와 같은 물놀이용 놀잇감, 안전하게 고정되는 유아용 거울, 색깔이 있는 모빌, 딸랑이, 뮤직박스, 움직일 때 소리가 나는 것, 장난감 전화기, 맞춰지면 소리가 나는 단순퍼즐, 오뚝이, 헝겊인형, 치아발육기 등이 필요하다.

1~2세 : 단순조작이나 구성에 관심을 갖고 반복을 즐기는 시기이다. 호기심이 많아 물건들을 무분별하게 만지고 싶어 한다. 노래에 관심을 가지며 음악적 표현을 하고 싶어 한다. 건반을 누르면 다양한 소리가 나는 것, 북과 같은 기본적인 타악기, 밀고 다니는 소형 자동차, 그림카드, 공, 간단한 맞추기 기능이 있는 각종 블록 등을 준다.

2~3세 : 상상력이 발휘되는 시기이며 움직임을 관찰할 수 있고 스스로 움직이며 놀 수 있는 놀잇감을 원한다. 실로폰과 같이 소리를 즐거워하는 수준의 리듬악기, 나무블록, 사실적인 분위기의 소꿉놀이, 단순한 연결장치가 있는 기차, 도화지, 크레파스, 단순한 그림 맞추기 퍼즐, 밀고 당기는 장난감, 던질 수 있는 가벼운 공을 준다.

3~4세 : 상상력이 발달하기 때문에 역할놀이를 즐긴다. 친구와 노는 경험을 통해 협동하는 것을 배울 수 있다. 흉내내기를 통해 두려움을 극복할 수 있는 병원놀이도구, 눈과 손의 협응력을 길러주는 볼링세트나 고리 던지기, 공구세트, 타고 다닐 수 있는 작은 차, 비행기나 보트 등 모형 장난감, 농구공과 바스켓, 플라스틱 야구방망이, 화장대 등을 준비해 준다.

4~5세 : 섬세한 조작을 할 수 있으며 규칙을 이해할 수 있고 남아와 여아를 구별한다. 정서적인 감수성과 음악성이 길러진다. 바느질을 할 수 있는 것, 블록, 점토, 공구놀이, 퍼즐, 합체가능한 로봇, 옷을 갈아입힐 수 있는 인형, 노래 부르기 기능을 할 수 있는 것 등을 준비해준다.

5~6세 : 주의력과 인내심이 증가하고 개인적인 기호가 생기면서 놀잇감도 취향대로 고르려 한다. 성취감을 주는 것이 좋으며 유아가 마음대로 구성할 수 있는 놀잇감이 필요하다. 변신로봇, 규칙과 점수가 있는 놀잇감, 실물과 비슷한 모양의 자동차, 무선 자동차, 음악이나 동화를 들을 수 있는 카세트, 미술용구들을 준비해준다.

3 좋은 부모의 조건

이 글의 독자는 자녀가 있다는 것을 전제로 한다. 부모로 살아가는 일은 자신의 성을 수용하고 자녀를 낳아 기르는 과정으로 자연스러운 인생의 절차이다. 저출산 현상이 심각하여 세계에서 가장 먼저 자연소멸할 나라로 예상되고 있는 우리나라에서 출산을 통해 부모가 되는 일은 선택이 아닌 필수과업이다. 2세를 낳았다면 잘 길러야 하는 책임이 따른다. 좋은 부모가 알아야 할 지식과 정보에 대해 생각해보자.

자녀들의 엄마와 아빠이기 이전에 남자와 여자가 다름을 인정하고 부부로서 함께 살아가는 과정을 받아들여야 한다. 직선적으로 설명해주지 않고 돌려 말하면 알아듣지 못하는 남편, 지도를 잘 읽지 못해 길안내가 서투른 아내, 30분 넘게 통화하고도 진짜 할 말은 만나서 해야 하는 아내와 단답형으로만 대답하는 남편...... 서로 다른 특성을 존중하지 않으면 항상 많은 갈등 속에서 비교육적인 모습을 자녀에게 보이며 살게 된다.

부부는 자녀에 대한 계획이 있어야 한다. 인간이 세우는 계획이 그대로 이루어지는 건 아니지만 몇 명의 자녀를 갖고 싶고 어떻게 키우고 싶은지 부부의 의견을 일치시켜 놓아야 양육에서의 이견으로 싸울 일이 줄어든다. 결혼을 하면서 혹은 임신 중에 이미 해놓아야 하는 과업이지만 지금이라도 늦지 않았다. 자녀교육에 대한 생각을 나누고 관련된 대화를 자주 해야 한다.

부모로서 살아가는 인간의 모습과 단계는 대부분 유사하다. 결혼하고 아이를 낳아 기르면서 유아교육기관을 찾아 보내고 학교에 보내는 일, 십대를 거쳐 성인된 자녀가 배우자를 찾아 나가는 과정을 쿨하게 받아들이기, 다시 부부 둘만 남아있다가 한 사람이 먼저 떠나가는 과정을 겪는다. 이러한 과정이 인간의 보편적인 삶이라는 것을 받아들이면 자녀의 여러 행동들을 자연스럽게 볼 수 있게 된다.

특히 취학 전 연령부터 부모와 자녀가 바람직한 대화를 하면서 서로의 마음을 읽어주는 관계로 살아간다면 질풍노도의 사춘기의 위기도 대화로 이겨낼 수 있으며, 자녀가 데려온 결혼상대에 대한 표현도 이성적으로 할 수 있다. 말 못하는 아기 때부터 마음을 알아주는 엄마아빠는 사춘기에도 자녀와 점잖게 소통할 수 있다. 이러한 의미에서 어린 시기의 부모-자녀관계는 평생의 관계를 좌우한다고 볼 수 있다.

떼를 쓰고 매사에 싫어!를 연발하는 아이, 끊임없이 질문을 해대는 아이, 글씨를 거꾸로 쓰는 아이, 외출하는 엄마의 다리를 잡고 가지 말라고 우는 아이, 발 딛을 곳도 없게 집안을 어질러 놓는 아이...... 모든 가정에서 볼 수 있는 모습이다. 성장단계별로 나타나는 특성들을 문제행동으로 보지 않고 이해하려는 노력이야말로 좋은 부모가 되는 최우선의 태도이다.

4 유전인자

에릭 크랩튼Eric Clapton의 단순하면서도 깊이 있는 음악세계를 좋아하는 사람들이 많다. 영국 출신 가수인 그는 우리나라에 다양한 연령층의 팬을 확보하고 있는 기타연주의 귀재이다. 우리나라 사람들이 가장 즐겨듣는 그의 노래는 'Wonderful Tonight' 이라는 곡이다.

그의 노래 중 비교적 잘 알져져 있는 'Tears in Heaven'

과 'My Father's Eyes'는 그의 가족사를 반영하고 있는 곡이다. 전자는 사고로 아들을 잃은 그의 비통한 심정이 들어 있다. 하늘나라에서나마 아들을 만나고 싶어 하는 그의 父情이 절절하다. 후자는 아버지 없이 자랐던 그가 아들의 눈빛에서 아버지의 모습을 발견한다는 노랫말이 들어 있다.

그는 아버지의 얼굴도 알지 못하고 조부모의 품에서 성장하였다. 자신의 뿌리를 찾고 싶은 인간의 본능은 동서양이 모두 같은 것인가 보다. 수소문 끝에 찾은 아버지는 캐나다 출신의 군인이었다. 군복무 중 잠시 주둔하였던 영국에서 어머니를 만나 나누었던 짧은 사랑의 결과가 그였던 것이다. 아버지의 전역과 함께 버림받은 어머니는 당시 16세에 불과했고 그는 어머니를 누나로 알고 자랐다. 9세가 되던 해에 부모님으로 알고 있었던 분들이 조부모였다는 사실을 알게 된 그는 극심한 방황에서 헤어나기 위해 기타에 의존하게 되었다고 한다. 음악과 기타에 빠져들었던 그는 세계 3대 기타리스트 중의 한 사람으로 성공하였다.

그가 찾아낸 아버지는 애석하게도 오래 전에 암으로 사

망하였다. 아버지와 다른 여인들 사이에서 태어난 자녀들이 있는데 이 부분에서 재미있는 사실이 발견되었다. 배다른 동생은 에릭 크랩튼을 흠모하고 그와 같은 뮤지션이 되는 것이 꿈이었다는 것이다. 돌아가신 아버지도 기타연주에 능하고 노래를 잘 부르는 사람이었단다.

인간의 재능은 유전일까? 타고난 유전에 의해 발달하는 것일까? 자신의 아이는 어떤 점이 아빠 혹은 엄마의 영향을 받았는지 생각해보자. 자신과 혹은 아내와 쏙 닮은 아이의 기질. 얼마나 사랑스러운가.

얼마 전 뉴스에서 지능이나 기질이 모성에 근거한다는 연구 한 가지를 보도하였다. 이러한 보도가 나간 후 많은 가정에서 부부싸움이 일어났다고 한다. 특히 공부 못하는 자녀를 둔 가정에서 말이다. 우리는 흔히 자녀의 바람직하지 못한 행동에 대해 상대방 배우자를 탓하는 것을 볼 수 있다. 그것도 고운 말이 아닌, 심기를 건드리는 말투인 경우가 대부분이다. 좋은 부모가 되려면 최소한 '네 엄마(혹은 아빠)를 닮아서 그 모양이지' 라는 말은 하지 말자. 절대로 그런 생각도 하지 말자. 대신 어떤 점이 좋아 아이의 엄마(혹은 아빠)와 결혼했는지를 생각하는 것이 온가족의 행복을 위해서 바람직한 행동이다.

5 회복탄력성resilience

현대사회에서는 많은 스트레스를 견뎌내야만 살아갈 수 있다. 다양한 스트레스로 인해 힘든 직장이 많지만 소진하여 이직하거나 떠나지 않는 이유는 크고 작은 역경과 어려운 상황에서 회복탄력성을 발휘하여 스트레스를 극복하고 재적응하기 때문이라고 볼 수 있다. 가정에서의 스트레스 역시 각자가 견딜 수 있기 때문에 가족관계가 유지된다.

회복탄력성은 개인이 가진 능력의 하나로 스트레스나 역경을 극복하고 성공적으로 적응하는 긍정적인 힘을 의미한다. 회복탄력성이 높은 사람은 자신의 실수에 따른 주의통제와 감정조절을 효과적으로 수행하며 낮은 사람은 작은 실수에도 우울증을 보이고 더 큰 스트레스를 받아 극복이 어려운 것으로 나타났다. 회복탄력성이 잘 발휘되는 사람은 주변사람들과 지지적인 관계를 맺는다. 따라서 부모의 바람직한 관계맺기의 모델을 보고 자라게 되면 회복탄력성이 높은 사람으로 성장할 가능성이 높다.

회복탄력성이 높은 사람은 압박과 스트레스 상황 속에서도 자신의 정서를 조절하는 능력이 있기 때문에 정서지능이 높다. 자신을 유능하고 효능감 있는 사람이라고 생각하기 때문에 자신감이 있다. 사람들을 적극적으로 대하고 교류한다. 목표달성을 위해 일시적인 충동이나 즉각적인 만족을 주는 행동을 자제하고 인내하는 능력이 있어서 목표를 향해 매진하는 가운데 현재의 어려움을 참아낼 수 있다. 미래에 좋은 일이 일어날 것을 기대하고 자신이 겪는 실패를 일시적인 것으로 여겨 실수를 두려워하지 않고 역경을 극복할 수 있다고 믿는 긍정적 사고를 한다. 익숙한 일상에 안주하지 않고 자신의 한계를 넘어 새로운 것을 두려워하지 않는 능력이 있다.

회복탄력성은 일부 사람들에게만 존재하는 특별한 능력이 아니다. 긍정적으로 생각하며 웃고 희망하며 삶에 의미를 부여하고 적극적으로 행동하고 도움을 요청하며 다른 사람과 관계를 맺는 특성이다. 타고나는 것이 아니라 변화와 도전적인 환경에서 긍정적인 적응과 개인적인 발달을 포함하는 역동적인 개념이다. 사람마다 그 능력은 다르지만 체계적인 노력과 훈련에 의해 키울 수 있다.

회복탄력성이 높은 사람의 특징을 이해하기 위해 사례를 보자. 서울대 이상묵 교수는 45세에 차량전복사고로 전신마비가 되고도 6개월만에 일상에 복귀했다. 『해리포터』 작가인 조엔 롤링 역시 절박한 싱글맘의 역경을 딛고 부와 명성을 얻었다.

영유아기에 좋은 성인의 역할이 미친 영향을 설명하기 위한 사례로 하와이 카우아이섬의 실험도 주목할 만하다. 이곳에서 같은 해에 태어난 신생아 833명을 성인이 될 때까지 추적해봤더니 성공적인 삶을 살아가는 사람의 비결은 인간관계였다. 주변의 누군가로부터 헌신적인 사랑과 신뢰를 받고 자란 사람은 회복탄력성이 높았다. 우리의 자녀를 헌신적인 사랑과 신뢰로 키워야 하는 이유를 말해주고 있다.

6월

1 아침식사는 아빠와 함께

어떠한 순간에도 변함없이 좋은 부모의 모습을 유지하는 것은 정말 어려운 일이다. 예를 들어, 출근 준비에 바쁜 아침 식탁에서 아이의 뜻을 다 받아주는 것은 너무나 힘든 일이다. 엄마가 바쁘거나 마음이 급할 때 아이들은 문제를 일으킨다. 저녁 식탁에서는 얌전히 앉아있던 아이가 아침 시간에는 막무가내로 떼를 쓰며 돌변한다. 아이는 식탁 위를 엉망진창으로 만들어 놓는다. 젓가락으로 모든 반찬을 꾹꾹 찔러보는 과정에서 음식물들이 식탁 위에 쏟아진다. 숟가락으로 이 음식 저 음식을 떠보면서 혼합시켜 놓는다. 엄마는 버럭 소리를 지른다. "이게 뭐야, 다 흘렸잖아, 바르게 앉아서 엄마가 주는 거 먹어야지!" 아이에게 호통을 치고 나서는 출근길... 언제 꾸중을 들었냐는 듯 빠이빠이를 하며 미소 짓는 아이를 기관에 남겨두고 돌아서면 현관문을 닫기도 전에 죄책감이 발동한다. 많은 엄마들의 아침 기분이 아닐까?

아이는 식탁에서 얼마나 많은 것을 배우는데...... 엄마 아빠가 맛있게 먹는 음식이 식탁 위에 놓여있으니까 어떤 것들이 있는지 식탁 위를 휘저어보고 싶은 것은 당연하다. 호기심은 학습의 출발점인데 아이의 호기심을 격려해주지 못하고 쫓기듯 식사를 끝내고 각자의 공간으로 흩어져야 하는 아침.

동시취업가정의 아빠는 출근시간 전에 아내를 도와줘야 한다. 엄마들은 아빠들보다 출근준비가 훨씬 더 번거롭다. 평상 시의 아빠는 넥타이, 손수건, 양말 정도가 준비물일 것이다. 엄마는 화장을 해야 한다. 나이가 들수록 화장하는 시간은 길어질 수밖에 없다는 것을 이해할 수 있을까? 여성들이 바르는 기초화장품은 스킨토너, 로션, 영양크림, 썬크림, 메이크업베이스, 비비크림 등이다. 화장을 마치고 음식을 만지면 음식에 화장품 냄새가 묻어난다. 얼굴에 그림을 그리기 위해서 파우더, 아이섀도우, 립스틱을 이용한다. 남성은 양말을 신을 때 발목까지만 올리면 끝이지만 여성의 스타킹은 허벅지까지 올라간다. 양말과 스타킹의 길이 차이는 출근 준비에 걸리는 시간을 상징하는 예가 된다고 생각한다.

아침 식탁에서는 아빠가 아이의 식사를 챙겨주자. 출근하는 아내가 단정한 모습으로 나갈 수 있도록 도와주자. 매력적인 여성들도 결혼 후 혹은 출산 후 부스스한 모습으로 다니는 것을 본다. 그 아름답고 생기발랄하던 모습은 사라지고 아주 많이 지친 여자, 즉 '아줌마'로 전락한 것이다. 남편의 협조와 관심이 없어서 자신에게 투자할 시간과 여유를 상실했기 때문이다. 결론이 보인다. 좋은 아빠는 곧 좋은 남편이라는 것.

2 목욕의 효과

아이를 씻겨주는 과정에서 부드러운 목소리로 말을 건넨다. '얼굴을 씻어줄게, 발가락이 예쁘구나, 이제 마른 수건으로 닦자' 등 과정을 얘기해줘도 좋고 '아빠는 네가 보고 싶어 빨리 집에 들어왔단다' 라고 하거나 '목욕시켜 놓으니까 더 예쁘네' 등의 일상적인 말로 사랑을 표현한다. 아이에게 사랑을 전하는 가장 확실한 방법은 피부접촉Skinship이다. 목욕 시키기를 통한 피부접촉의 효과를 더 말하면 잔소리가 된다.

욕조에서 함께 즐길 수 있는 물놀이는 아이를 흥분시킨다. 샤워기에서 쏟아지는 물줄기와 수도꼭지에서 흘러나오는 물줄기의 느낌을 손바닥으로 느껴본다. 빈 샴푸통, 스펀지, 고무인형, 양치컵 등을 제공해주면 다양한 방법으로 가지고 논다. 목욕을 싫어하는 영유아에게는 이러한 물품으로 물놀이에 흥미를 느끼게 하거나 수성펜으로 목욕탕 벽에 낙서를 하게 해보자. 글자나 숫자에 관심을 갖게 하는 방법이 될 수 있고 쓰기나 미술활동의 준비과정이 될 수 있다. 수성펜이므로 물로 씻어내면 깔끔해진다.

목욕탕이 어질러지는 것이 싫으면 정리의 과정에 아이를 포함시킨다. 15개월 정도의 아이도 '양치컵은 아빠를 줘 아빠가 치울게, 샴푸통은 이 바구니에 담자' 등 단순한 지시를 따를 수 있다. 아이가 목욕을 즐기는 동안 욕조 속에 함께 있거나 같은 공간 안에서 아이의 안전을 지켜준다. 어릴수록 물 속에 있는 동안 한 순간도 곁을 떠나지 않아야 하며 비누 같은 것을 입에 가져가지 못하도록 일러줘야 한다.

때로는 거품을 풀어놓고 분위기를 내보자. 거품을 쥐어 보면서 즐거워 하는 모습을 볼 수 있다. 거품 목욕제는 자극이 없는 유아용을 사용해야 한다. 목욕을 하는 동안 아이는 많은 것을 배운다. 비누가 거품을 만드는 것, 스펀지가 물을 흡수한다는 사실, 물에 뜨는 것과 가라앉는 것, 샤워기와 수도꼭지에서 쏟아지는 물의 압력차이 등 일부러 가르쳐주지 않아도 스스로 터득하는 학습의 場이 된다. 물에 대한 공포를 덜어주므로 수영과 같은 운동기술의 습득을 용이하게 한다.

이러한 효과뿐만이 아니라 자연스러운 성교육이 이루어

진다는 의미에서도 목욕의 효과를 논하고 싶다. 세상에는 두 가지 성이 존재한다는 것을 이해하고 부끄러워하거나 부러워할 것이 아니라는 것을 가장 편안하고 자연스럽게 가르쳐 주는 방법이 목욕을 함께 하는 것이다.

가족이 함께 목욕을 하면 유아기에 필요한 성교육은 저절로 이루어진다고 생각한다. 아빠 혹은 엄마의 몸을 보면서 남성과 여성의 차이, 성인과 아이의 차이 등을 자연스럽게 알게 된다. 이러한 교육적 효과와 더불어, 티없이 깨끗하고 사랑스러운 아이의 몸을 씻기는 가운데 서로 주고받는 사랑의 감정은 화목한 가정이 아니면 그 어느 곳에서도 맛볼 수 없는 귀중한 경험이 될 것이다.

3 옷입기 지도

인간의 생활 중에서 옷을 입는 일은 단 하루도 빼놓을 수 없는 중요한 일과이다. 위생적인 의복을 착용하고 독립심을 갖게 하는 기회로 활용한다. 깨끗하고 바르게 입는 교육과 함께 스스로 팔을 집어넣고 단추를 잠그면서 독립심을 맛보게 한다.

기관에서 장시간 머무는 동안 마음껏 뛰어놀면서 자유롭게 활동할 수 있는 옷을 입게 한다. 놀이터의 놀이기구에 걸려 찢어지거나 게임을 하다가 벗겨지는 일이 없도록 튼튼한 옷을 입게 한다. 대소변 처리가 미숙한 어린 아이일수록 혼자 입고 벗기 편한 옷이 좋다. 아이들은 놀이에 몰두하다가 급하게 화장실에 가는 과정에 실수를 하게 되면 또래들의 놀림거리가 되고 자존심을 다치는 경우가 있기 때문이다.

계절에 맞게 옷을 입는 것도 필요한 학습이다. 유아교육기관의 연간교육계획안을 보면 봄, 여름, 가을, 겨울의 계절변화에 따라 날씨와 의복을 다루고 있다. 너무 무거우면 뛰어놀기 불편하기 때문에 가볍고 몸에 좋은 소재로 된 옷이 좋다. 졸라매거나 꼭 끼는 옷도 피한다.

건강한 아이라면 신나게 뛰어노는 시기에 하루에도 몇 벌의 옷을 버릴 수 있으므로 세탁이 용이한 옷을 선택한다.

옷을 살 때는 세탁가능성을 따져보고 몇 벌이 필요한 지 생각해본다. 적합한 수량으로 구입하고 예쁜 옷을 보이는 대로 사주지 않는 것이 좋다. 원하는 대로 다 사주면 충동구매나 쇼핑중독의 가능성이 있는 아이로 키울 수 있다. 의복이나 놀잇감에 대한 바른 생각은 경제교육을 위해서 필요하다.

옷을 입고 벗을 때는 스스로 하는 기분을 유도하면 독립심과 관련된 행동이 나타나므로 "팔을 끼워볼까?" "○○이가 벗어서 엄마 줄래?" 등의 말로 격려하며 지도한다. 안전을 위해 긴 바지를 입히는 것이 좋고 짧은 바지나 치마를 입는 계절에는 무릎 보호대를 해주는 것이 좋다. 하의는 화장실 사용이 용이하도록 지퍼나 단추보다는 고무줄로 처리된 것이 좋다. 한 벌로 붙은 우주복 스타일은 뛰어놀거나 혼자 화장실을 갈 때 불편하므로 피하는 것이 좋다.

정리를 해야 할 때는 "이 빨강 장갑 짝꿍을 찾아주세요" "양말을 가족끼리 모아줄 사람 있나요?" 등의 말로 놀이처럼 유도한다. 아이만의 옷을 정리하는 공간을 두고 일정한 곳에 정리하는 것도 교육의 일부분이다. 세트로 된 한 벌은

짝을 맞춰서 보관하고 바지는 바지끼리 모자는 모자끼리 양말은 양말끼리 정리하는 과정에서 수학의 기초개념인 '분류' 개념을 자연스럽게 학습한다.

4 배변학습의 영향

세상에 태어나는 아기는 인간의 형상을 하고 있지만 아직 온전히 인간으로 살지 못한다. 울음 외에는 의사표현을 하지 못하며 혼자 이동할 수도 없고 대소변 가리기도 안 되기 때문이다. 돌 즈음에 인간의 특성인 직립보행이 가능해지고 엄마, 아빠를 발음하기 시작하면서 점차 능력을 갖춰나가기 시작한다. 말도 되고 걷고 뛰고 할 수 있지만 아직도 아기의 자존심을 구기는 것은 기저귀이다. 기저귀를 떼고 나면 자존심을 되찾아 용감해지기 시작한다. 두 단어 이상을 연결하여 의사표현을 적극적으로 하기 시작하며 고집을 피우고 자기마음대로 하려는 경향을 갖게 된다. 이렇게 자기마음대로 하려는 심리를 보여줄 때 따로 재우기를 시도하는 것도 좋다.

기저귀를 떼는 훈련은 배변학습이라고 하는데 이 시기의 부모-자녀관계가 평생의 성격과 대인관계에 기초가 된다. 부모가 시키는 배변학습은 좋은 습관형성으로 정서적 안정을 추구하는 측면에 초점을 두어야 한다. 정서가 편안한 상태에서 자연스럽게 자신의 의사로 시도해보게 해야 한다. 아직 준비가 되지 않은 아이에게 너무 빨리 시작하는 경우 대부분 늦게 시작한 아이보다 더 많은 시간이 소요된다. 대소변에 관심을 가질 때, 즉 부모의 변기사용에 모방해보고 싶어 하거나 '엄마, 쉬' 등의 말을 할 수 있을 때 본격적으로 시작하는 것이 좋다.

유아교육이나 심리학 이론들을 보면 배변학습 시 성인의 태도에 따라 살아가는 것을 배우게 된다. 너무 강박적으로 시키면 융통성이 없는 아이가 된다. 정확한 시간을 정해놓고 화장실에 데려가면 훗날 다른 사람과의 약속시간에 1분만 늦어도 쉽게 짜증을 낸다고 한다. 너무 느슨하게 내버려 두고 관리하면 위생관념이 희박한 사람으로 성장한다.

남자아이들의 경우 아무 곳에서나 소변을 보게 하며 키웠을 때 아무 곳에서나 자고 돌아다니거나 심지어 성적으로 문란한 사람으로 성장한다.

배변학습은 동성의 부모가 변기사용의 모델을 보이면서 자연스럽게 관심을 유도하고 스스로 하고 싶어 하는 마음이 들도록 해야 한다. 부모의 시범과 함께 18개월에서 24개월 무렵 배변과 관련된 동화를 들려주고 인형으로 응가 놀이를 하는 것도 좋은 방법이다. 너무 빨리 시도하지 않는 것이 좋으며 가끔 실수를 하는 경우에도 너그럽게 격려하며 대해야 한다.

만 3세 이후 스스로 배변이 가능해지면 기관과 가정에서 모두 기본 예절을 가르친다. 화장실 문을 노크하고 들어가기, 변기에 바르게 앉기, 소변기의 '조준' 위치를 바로 알기, 위생적인 뒤처리 방법, 물 내리기, 손씻기, 일을 마친 후 화장실 불 끄기......등을 스스로 하도록 유도하고 성공적으로 해냈을 때 칭찬한다.

배변학습이 잘 이루어진 후에도 가끔 실수를 하는 경우가 있다. 대부분 동생이 태어났거나 충격을 받았을 때, 심한 긴장이 있을 때 등 나타나는 행동이므로 원인을 파악하고 이해하려는 노력이 필요하다.

5 부모와의 애착

대부분 엄마인 주 양육자와 맺는 정서적 결속관계를 애착Attachment이라고 한다. 특정한 두 사람 간에 형성되는 애정적인 유대관계인 애착이 인간관계의 기초를 형성한다. 아기의 다양한 애착행동에 애정적이며 수용적인 부모의 자세는 자아의식, 타인과의 관계에서 좋은 영향을 미친다.

아기의 애착행동은 방실방실 웃기, 곁에 있는 엄마가 일어설 때 울음, 천사 같은 미소, 눈을 마주치며 하는 옹알이, 만지기, 기어오르기, 껴안기, 안기기, 매달리기 같은 형태로 나타난다. 사랑하고 의지하는 관계에게만 할 수 있는 행동들이다.

출생 후 3개월까지는 엄마의 냄새와 목소리를 구분하지

만 누구에게나 다양한 애착행동을 보이는데 이러한 행동은 보살펴 줄 성인을 자신 곁에 있게 하기 위한 생존본능으로 해석된다. 자칫 첫 3개월은 애착문제로 인한 어려움이 없는 것처럼 보이지만 애착형성에는 기초가 되는 시기이다. 출생부터 6개월 혹은 10개월 정도까지가 애착형성에 가장 중요한 시기이다. 이 시기에는 친숙한 사람과 낯선 사람에게 구별된 반응을 하기 시작하는데 울 때 낯선 사람이 달래면 더 심하게 울다가 엄마나 주양육자가 나타나면 안기면서 울음을 멈춘다.

주양육자와의 애착행동의 경험이 결여된 아기들은 분리가 되어도 울지 않고 감정표현이 거의 없다. 과거 고아원 같은 형태의 기관에서 생애 초기를 보낸 아기들은 감정표현에 소극적이며 표정도 다양하지 않다. 정상적인 가정에서 자란 아이들은 6~7개월 무렵 낯가림이 심해지는데 이러한 현상은 분리불안seperation anxiety의 노출이며 엄마와 떨어질 때 심한 저항을 보인다.

10개월 이후에는 낯선 사람을 대할 때 엄마얼굴을 살피게 된다. 엄마가 눈앞에 보이지 않아도 존재한다는 대상영속성의 개념을 수시로 알려준다. 알려주는 방법은 손으로 얼굴을 가렸다가 다시 드러내는 까꿍놀이가 좋으며 문 닫고 목소리 들려주기 같은 방법으로 자연스럽게 가르쳐준다.

만 2세 이후에는 엄마 외에 친숙한 조부모나 형제, 친척 등 주변사람에게 애착을 확장시킨다. 하나 혹은 둘만 낳아 기르는 핵가족 시대에 아이들이 좋은 애착관계를 형성하며 넓은 인간관계를 맺어갈 수 있도록 친척들과의 만남, 또래 사촌들과 보내는 시간을 마련해주어야 한다. 이러한 경험이 많지 않은 아이들은 기관에 적응할 때도 시간이 걸리며 성장한 후 이성친구를 사귀거나 조직에서 생활할 때도 많은 긴장이 있다. 자신이 속한 사회에서 잘 살아나가기 위한 활달하고 긍정적인 인간관계의 기초는 영유아기에 형성된다.

7월

1 한글 깨치기

교육문제에 관심을 갖다보면 주변에 신동이나 천재로 불리는 아이들이 있고 자녀와 비교하여 조바심을 갖게 된다. 텔레비전 광고에서 생후 28개월밖에 되지 않는 아이가 동화책을 줄줄 읽는가 하면 문자를 학습시키는 교재가 넘쳐난다.

글자를 익혀가는 아이들의 연령별 수준을 알아보자. 개인차가 있음을 전제로 참고하여야 한다.

초기의 읽기행동은 책을 종알거리면서 마음대로 읽는다. 대략 14개월경부터 마음대로 읽기가 나타나는데 아직 엄마, 아빠 정도의 단어를 발음하는 한 단어 시기이므로 듣는 사람은 내용을 알아들을 수 없는 수준이다. 20개월경부터는 책의 글자에 관심을 갖고 읽기를 한다. 30개월경이 되면 익숙한 책들을 암송한다. 줄줄 말하는 장면에서 자신의 아이를 과대평가하는 경우가 있지만 글자 자체를 읽을 수 있는 것이 아니라 말 그대로 익숙하게 들은 것을 암송하는 것이다.

글씨를 쓸 수 있는 능력은 읽기보다 늦게 발현된다. 3세가 지나면서 쓰기를 위한 긁적거리기 행동이 나타난다. 글씨를 쓸 수 있게 되려면 글자를 지각하는 것이 우선되어야 한다. 글자를 지각하고 흥미를 가져야 하며 필기도구를 조절할 수 있을 만큼 손근육이 발달되어야 한다. 정해진 공간에 글씨를 써넣을 수 있는 공간능력, 왼쪽에서 오른쪽의 구분, 위 · 아래의 인식, 모양의 공통점과 차이점 알기 등이

선행되어야 하며 무엇보다도 중요한 것은 아이 자신의 흥미이다. 글씨에 흥미가 없는 아이에게 강제적으로 무리한 학습을 시키는 경우 학습 자체를 싫어하는 결과를 낳는다. 과도한 암기, 획일적인 집단학습, 단순반복 등의 방법은 비교육적이므로 피하는 것이 좋다.

개인차를 인정하고 유아가 흥미를 가지는 상황에서 글자를 접하도록 환경을 조성한다. 냉장고에 자석글자 붙이기 놀이, 아이가 좋아하는 물건이나 공간에 이름카드 붙여주기, 아이가 보는 앞에서 생일 축하카드 써주기, 쇼핑목록을 의논하면서 적기, 여행을 가거나 낯선 곳에 머물 때 친숙한 책을 가져가서 읽기, 아이를 무릎에 앉히고 읽어주거나 잠자기 전에 책 읽어주기, 달력의 뒷면 같은 큰 종이나 화이트보드로 긁적거릴 수 있는 공간 만들어주기 등으로 유아의 흥미를 유도할 수 있는 활동들을 찾아본다. 공부를 하기 위한 활동이라기보다는 아빠엄마와 즐거운 놀이를 하고 있다는 분위기를 조성하여 자연스럽게 글씨와 친숙해지도록 돕는다.

2 언어발달단계

갓 태어난 아기가 말을 배우는 과정은 일정한 순서를 거쳐 발달하지만 아이들 각각의 발달과정은 신기하고 사랑스럽다. 생후 첫 1개월은 유일한 의사소통 수단이 울음이다.

양육자조차도 왜 우는지 구별하지 못할 때가 많다. 이 시기의 울음은 배가 고파서, 아파서, 기저귀가 젖어서 우는 경우가 대부분이다. 생후 1개월이 지나면 울음의 강도, 높낮이, 패턴 등이 분화되어 나타나므로 늘 가까이 있는 양육자는 아기가 왜 우는지 구별할 수 있다. 생후 2개월이 지나면 울음 이외의 소리를 내게 된다. 목부분을 이용해서 그-- 혹은 쿠--와 비슷한 소리내기를 시도한다. 언어학자들은 이러한 행동을 쿠잉Cooing이라고 한다.

쿠잉의 단계를 지나 신경근육이 발달하면서 옹알이가 나타난다. 자음과 모음이 합성되어 바바, 다다, 마마 등의 소리를 옹알거린다. 옹알이는 생후 6개월 이후 자주 나타났다가 생후 1년이 지나면 점차 감소한다. 옹알이 시기에는 여러 가지 몸동작을 병행하여 의사소통을 한다. 싫다는 표현을 할 때는 고개를 좌우로 흔들 수 있다. 먹기 싫은 음식을 혀로 밀어내기도 한다.

생후 1년쯤 되면 아이는 한 단어를 말할 수 있다. 정확한 발성으로 '아빠!' 혹은 '엄마!' 의 말을 들은 엄마아빠는 감격하여 돌잔치를 치러주게 되는 것이다. 대부분의 아이들은 엄마나 아빠를 최초로 발음한다. 우연히 발음하여 부모를 놀라게 한다. 윗 입술과 아래 입술이 부딪히면서 발음되는 단어들이 최초로 발음된다. 우리말의 엄마, 아빠, 맘마, 영어의 마미, 독일어의 무터 등의 단어를 보면 전세계의 공통적인 특성이다.

하지만 모든 아이가 자신의 돌잔치에서 엄마아빠를 말할 수 있는 것은 아니다. 빠른 아이는 더 많은 단어를 말할 수 있고 늦은 아이는 한 마디도 하지 못한다. 한 마디도 하지 못하면 부모는 조바심을 내게 된다. 기다려주는 자세가 필요하다. 신경구조나 청각 등에 특별한 문제가 없다면 머지 않아 사랑스러운 목소리로 엄마아빠를 외치게 될 것이다. 일반적인 통계에 따르면 남아가 여아보다 언어발달이 늦다고 한다.

부모교육 강연이 끝나고 나서 가장 많은 질문 중의 하나가 아이들의 언어가 어느 정도이면 정상인지 묻는 것이다. 만 1세에는 한 단어, 만 2세에는 두 단어 연결, 만 3세에는 세 단어 연결능력이 가장 정상적인 발달이다. 이러한 단계를 거쳐 만 4세에는 어휘 수가 급격히 늘어난다. 이 시기에 동화 읽어주기, 동화를 토대로 동극해보기, 동시짓기 등 언어관련 활동이 가장 효과를 발휘할 수 있다. 읽기, 쓰기에 대한 관심도 많기 때문에 글자에 대한 놀이를 다양하게 하다보면 저절로 깨치게 된다.

3 언어발달 촉진법

언어와 신체 그 밖의 발달은 일정한 순서에 따르지만 개개인의 성장속도와 시기가 다르다는 것을 인정해야 한다. 언어는 울음–쿠잉–옹알이–한 단어–두 단어–문장의 순서를 따르며 신체는 기기–앉기–서기–달리기의 순서를 따른다. 옹알이 이전에 단어를 말할 수 없으며 설 수 없는 아이가 달리기를 할 수 없다. 그러나 나타나는 시기와 속도가 다르다. 책에 있는 월령은 평균적인 수치에 불과하다. 개인차를 인정하고 느긋하게 기다려주는 부모가 조급함을 참지 못해 발음을 강요하는 부모보다 바람직하다.

한 단어씩 말하던 아이는 생후 20개월쯤이 되면 두 단어를 함께 말할 수 있게 된다. 주축이 되는 핵심단어만 말하기 때문에 전보telegraph식 언어라고 한다. 이 시기에 부모가 할 일은 무엇일까? 그것은 아이의 말에 대해 반복, 확장, 의미부연 등의 기술을 적용시켜 보는 것이다.

아이가 "아빠 가방"이라고 했을 때 "뭐? 아빠 가방이 어쨌다는 거야?"라는 반응은 바람직하지 못하다. "아빠 가방?"하고 아이의 말을 반복해준다. 발음이 분명하지 못한 경우에는 꼭 이러한 반복의 기법을 사용한다. "응, 아빠가방이 있구나"하면서 아이의 말을 확장시켜준다. "아빠 가방이 여기 있으니까 아빠가 들고 가야겠네, 그 말이 하고 싶었어?"하고 의미부연을 해준다. 이러한 과정에서 어린이는 전보식 언어에서 벗어나 조동사, 관사, 전치사와 같은 기능어의 사용법을 익히게 된다. 자신의 의도를 알아주는 엄마아빠에게 신뢰감과 친근감이 형성된다.

아이의 말을 반복, 확장, 의미부연시켜 주고 기회가 있을 때마다 아이에게 많은 말을 해주자. 수다스러운 부모에게서 성장한 아이들이 말을 잘하고 지능도 발달한다는 연구가 있다. 일상생활 속에서 많은 말을 듣고 성장하는 아이들은 이해어휘가 많아지기 때문인 것 같다. 아이의 손을 잡고 건널목을 건널 때 아무 말 없이 건너지 말고 "자, 여기서 건너가자. 초록불이 켜졌지? 초록불이 켜질 때만 건너가는 거야. 저기 봐, 초록불이 깜빡깜빡하고 있네. 부지런히 걸어가야겠다"라고 말하면서 가보자. 이런 기회가 반복되면 초록색에 대한 친근함, 질서교육 등이 저절로 이루어질 것이다.

말을 배우는 시기에 또 하나 중요한 것은 유아가 부모의 어투를 모방한다는 것이다. 흔히 아들은 아빠의 말투를, 딸은 엄마의 말투를 모방한다. 모방이 심한 영유아기의 아이들은 마치 부모의 축소판과 같은 분위기로 성장해간다.

4 영유아와 음악

음악은 인간의 삶을 윤택하게 해준다. 아이를 재워놓고 차 한 잔을 즐기면서 그날 하루를 어떻게 보냈는지 이야기를 나눠보는 여유를 가져보자. 음악이 흐르는 집에서 잠드는 아이는 평화로운 꿈을 꿀 것이다. 마음의 여유가 있으면 조명을 은은하게 처리하거나 작은 식탁을 베란다에 옮겨놓고 분위기를 내본다. 생활 속의 작은 이벤트는 권태로운 일상에 활력을 준다. 직장일로 피곤하고 아이 치닥거리하느라 바빠 죽겠는데 언제 그럴 시간이 있느냐고 할지도 모르겠다. 하지만 잠자리에 드는 시간을 30분 정도 늦추고 차와 대화를 나누는 시간을 만들어가며 살아보자. 바쁘면 주말 저녁으로 계획을 세워보자. 서로의 낮시간에 관한 이해를 통해 삶이 여유로워짐을 느끼게 된다. 음악이 첨가되었기 때문에 보다 풍부한 시간이 된다. 결혼 전 함께 듣던 음악이나 선물한 적이 있는 음악이면 더 좋겠다.

인간은 본능적으로 노래하고 움직이고 흥얼거리고 소리 듣는 것을 좋아한다. 이러한 본능을 가지고 태어나기 때문에 적절한 환경적 요인이 주어지면 어느 수준까지의 음악적 능력을 갖게 된다. 적절한 환경적 요인 중 가장 중요한 것은 부모이다. 어린 시절 음악과 가까이 지내면 음악적 성장과 같은 정서발달뿐만이 아니라 공간추리능력 같은 두뇌

발달에도 영향을 미친다는 연구가 있다. 일정한 음악을 들려준 후 두뇌활동이 활발해지는 실험들도 발표되었다.

인간의 청각은 초등학교 저학년, 즉 만 9세 이전에 가장 민감하기 때문에 이 시기를 놓치면 훌륭한 음악적 성장을 기대하기 어렵다. 9세 이전에 많은 음악을 들려주고 음악적 경험의 기회를 적절하게 준다. 음악적 경험을 줄 때 가장 중요한 것은 아이의 흥미이다. 피아노 교습과 같은 예능교육을 억지로 시키면 음악을 싫어하는 아이가 된다. 악기를 가르치고 싶으면 우선 악기에 대한 흥미를 갖게 하고 자발적으로 배우고 싶은 마음이 들도록 유도한 후에 시도한다.

악기나 음악에 대한 흥미는 강요된 방법이 아닌, 부모와 함께 즐거움을 느껴보면서 형성된다. 부모 자신이 먼저 음악을 즐기고 좋아해야 한다. 다양한 음악을 함께 즐기는 방법을 찾아본다. 음악에 따라 아이와 함께 움직인다. 아이의 반응을 격려하기 위해 느리게, 가볍게, 발꿈치로, 슬프게, 행복하게, 뜨거운 도로에 맨발로 서있는 것처럼 등의 힌트를 줄 수 있다.

온가족이 신체를 이용하여 손뼉 치기, 콧노래 부르기, 휘파람 불기, 혀소리 내기, 발로 찍기, 손가락 튕기기, 허벅지 부딪히기 등 소리 만들기를 해본다. 노랫말에 아이의 이름을 포함시킨다. '토실토실 아기돼지' 의 노랫말을 '토실토실 준영돼지, 토실토실 재영돼지' 로 바꿔 부른다. 자신의 이름이 노래에 포함될 때 아이들은 즐거워 한다. 음악활동뿐만 아니라 아이들과의 활동은 흥미와 자발성이 중시될 때 효과적이다.

5 부모역할의 역사

우리나라 부모역할에 관한 기록은 조선시대 이전 삼국유사나 삼국사기 등의 서적내용을 통해 양육방식을 짐작하게 하는 것부터 시작된다. 강보를 사용해 아이를 보호했고 업어키우는 풍습이 존재하고 있다. 고려시대는 불교를 숭상했던 시기로 석가모니의 '부모의 자식에 대한 도리'를 강조했다. 자녀의 보호와 교육의 책임이 부모에게 있다는 내용을 담고 있다. 명심보감을 통해 '엄한 아버지는 효도하는 아들을 길러내고 엄한 어머니는 얌전한 딸을 길러낸다'고 하면서 효를 강조한다.

조선시대는 불교와 유교의 영향으로 인간의 삶에서 자녀를 낳아 기르는 일을 가장 중요한 일로 인식했으며 자손을 생산할 수 있는 연령이 되면 혼인시키는 조혼의 풍습이 있었고 색시가 꼬마신랑을 업어키우는 모습을 볼 수 있었다. 노동력 확보를 위해 다산을 장려함과 동시에 집안의 대를 잇기 위해 자식을 낳아 길러야 하는 시대였기 때문에 씨받이라는 참 적나라한 용어의 직업도 존재했다. 수태기간

동안 생명체의 교육을 중시했으며 어머니의 행실이 세상에 태어난 후 받게 되는 교육보다 중요한 것으로 인식했다. 만 3세까지는 무조건 보호의 대상으로 보았고 3세 이후에 오른손 사용 같은 생활교육을 시작했다. 사리분별과 남녀분별을 강조하여 예의범절을 가르치기 시작한 연령은 7세이다. 이 시대의 교육내용으로 남녀칠세부동석男女七歲不動席이라는 말을 들어 보았을 것이다.

1900년 초부터 1950년대까지 근대에는 선교사에 의해 개성과 서울에 유치원이 설립되고 소파 방정환에 의해 어린이날이 제정되었다. 이화여자대학교 교육학과에 '부모교육'이라는 과목이 개설되기에 이른다. 이 시기의 엄마들은 젖먹이는 시간이나 재우는 방법 등 서구의 양육법을 소개받았고 국가발전을 위한 어머니의 계몽에 초점을 둔 교육이 주가 되었다.

해방 이후 자녀를 부모의 종속물로 보는 사회적 인식이 변화되어가면서 부모교육에 대한 인식이 확대되었다. 1980년대에는 모유수유의 장점을 소개하고 취업여성 증가로 인한 우유수유에 대한 우려가 대두되었고 전국단위의 부모교육이 실시되기 시작했다.

1990년대부터 결혼과 출산에 대한 가치관의 변화로 출산율이 저하되기 시작했고 지금은 심각한 저출산 고령화 현상을 보이고 있다. 우리나라의 출산정책을 대변하는 표어들은 다음과 같은 순서로 변화되어 왔다. 덮어놓고 낳다보면 거지꼴을 못 면한다 → 딸 아들 구별 말고 둘만 낳아 잘 기르자 → 하나씩만 낳아도 삼천리는 초만원, 잘 키운 딸 하나 열 아들 안 부럽다 → 사랑으로 낳은 자식 아들 딸로 판단말자 → 결혼과 자녀 출산 인류에게 주어진 최고의 선물, 아빠! 혼자는 싫어요, 엄마! 저도 동생을 갖고 싶어요……

이 시대에 부모라는 이름으로 살아가고 있는 우리는 어떤 모습이 바람직할 것인지 부부가 머리를 맞대고 심사숙고해보자. 우리 아이에게 어떤 부모가 되어 주어야 할까?

8월

1 가족의 형태

우리 아이들이 속해 있는 각 가정은 맞벌이 가족, 한부모 가족, 재혼 가족, 다문화 가족, 미혼모 가족 등 다양한 문화와 형태를 갖는다. 학급 내에 다양한 가정의 자녀가 있는 경우 특별한 아이 취급을 하지 않고 자연스럽게 대해 주는 자세가 모두에게 필요하다. 아이 앞에서 편견이 담긴

발언은 하지 않는 것이 좋다.

맞벌이 가족은 여성취업에 대한 의식 변화, 연장된 평균 수명으로 인한 노후자금의 필요, 주택 마련과 사교육 비용 등 가정유지 비용의 증가 등의 현상에 따라 점점 늘어나고 있는 추세이다. 맞벌이 가족의 부모는 일을 가지면서도 어린 자녀와 질 높은 유대관계를 유지해야 한다. 주양육자에 대한 의존도가 높은 영유아기의 자녀를 위해 탁아를 위한 사람이나 기관의 선택에 신중을 기해야 한다. 가족 전체가 함께 하는 취미활동을 개발하여 휴무일이나 저녁시간에 자녀와 함께 하는 시간을 마련해야 한다.

이혼이나 사별로 인해 자녀가 한쪽 부모하고만 사는 한부모 가정은 한쪽 부모의 부재 자체를 좌절로 받아들이지 않고 극복하는 자세가 필요하다. 부모 역시 두 부모 역할을 동시에 수행해야 하는 스트레스를 잘 해소해야 하며 도움 받을 성인과 교류하면서 살아야 한다. 이혼의 경우 부모의 이혼사유를 간명하게 설명하고 상대방을 비난하지 말아야 한다. 이사나 전학은 더 낯선 곳에서 적응불안을 조장하게 되므로 이혼으로 인한 환경적 변화를 최소화해주면서 가능한 한 자녀의 요구를 긍정적이고 따뜻하게 수용해준다. 재혼가정에서는 새롭게 꾸리는 가정에 자녀의 공간을 최대한 안정적으로 꾸며준다. 상실을 경험한 서로의 상처를 이해하고 각기 다른 선호와 생활방식을 인정하고 후원해야 한다. 친 부모와 의붓 부모가 서로 협력하는 모습을 보이고 각기 자녀들의 역할을 조정해주려고 노력해야 한다. 즉각적인 사랑과 교류에 대한 과도한 기대보다는 시간을 두고 기다려주는 배려가 필요하다.

미혼모 가정은 법적 혼인을 하지 않고 아기를 낳아 엄마와 아기가 가족을 이루는 형태이기 때문에 자녀와의 의사소통과 관계 형성법 등 양육에 대한 지식과 정보를 습득하고 부모로서의 자신감을 갖는 것이 필요하다. 보수적이었던 우리나라도 미혼모에 대한 시각이 달라지고 있으며 낙태반대운동과 함께 미혼모들을 응원하는 다양한 정책이 개발되고 있다. 다문화가정은 인종이나 종교 등의 문화가 다른 배경을 가진 배우자와 혼인하여 이룬 경우이며 주로 국제결혼가정을 지칭한다. 자녀의 한국어교육 및 사회적응 프로그램에 적극적으로 참여하도록 돕고 기초학력을 다지는 과정에 최선을 다하도록 지도해야 한다. 지역사회 주민과 친척, 고국의 가족 및 친척과의 교류를 통해 양가의 문화를 자연스럽게 습득하고 친밀감을 갖도록 해준다.

2 성에 대한 이해

아이들의 성에 대한 이해는 성장단계마다 일정한 과정을 거치는데 성인의 반응에 따라 긍정적 혹은 부정적으로 습득된다. 이러한 논의는 Freud의 이론에 기초한다. 성에 대한 초기의 이해는 생식기에 국한되지 않으며 연령에 따라 다양한 형태로 나타난다.

유아 초기의 성은 애정적인 접촉에 의해 발달한다. 애정적인 접촉에서 체험한 쾌감은 편안함과 애정의 욕구로 전 생애를 통해 표현된다. 껴안아주기, 토닥거리기, 쓰다듬기 등 피부접촉으로 사랑의 표현을 해야 하는 이유이다.

생후 5개월까지 입술을 통해 얻는 쾌락은 만족과 포만감을 얻게 하므로 수유 시 즐겁고 안전한 분위기를 마련해준다. 대략 18개월 이후의 대소변 훈련은 항문을 중심으로 쾌감을 얻게 한다.

대소변 훈련의 단계를 거치면서 언어가 급속도로 발달하고 신체 여러 부분의 이름이나 남녀의 신체 차이에 관심을 갖는다. 유아가 자신의 성에 대해 긍정적으로 수용할 수 있도록 너는 고추도 없는 여자야, 나는 딸을 낳고 싶었는데 너는 아들이야 등의 부정적인 말은 피하는 것이 좋다.

3세 정도가 되면 성의 전반적인 것에 관심을 표명하고 친구, 누나, 부모 등 타인의 생식기를 보고 싶어 하는 호기심이 나타난다. 우연한 자극에 흥분되는 경험을 하게 되는 유아도 있다. 병원놀이와 같이 신체를 탐색할 수 있는 놀이를 하고 싶어 한다. 이러한 상황에 있는 유아들의 정상적인 성적 호기심을 이해하고 자연스러운 태도로 성에 대한 이해를 도와준다.

아이들의 성에 대한 궁금증은 아기의 출생, 결혼, 남녀의 신체 차이, 성역할 등이다. 성에 관한 질문을 하면 당황하지 않아야 하며 진지하게 다 들어준 후 어른이 되면 여자는 가슴이 커진단다, 엄마와 아빠는 서로 사랑했기 때문에 결혼했어, 엄마아빠가 서로 사랑해서 너를 낳았단다, 엄마 뱃속의 아기집에서 살다가 태어났단다, 팬티는 중요한 곳을 보호하기 위해 입는거야 등 자연스러운 말투로 진실한 태도를 보여준다.

유아들의 성에 대한 정체성은 대개 2~3세에 남자와 여자라는 명칭 붙이기에서 시작된다. 외모나 행동에 관계없이 여자는 남자가 될 수 없고 남자는 여자가 될 수 없다는 것을 이해하려면 6세 이후가 되어야 한다.

성은 부끄럽거나 부럽거나 죄스러운 것이 아닌 자연스러운 것이라는 사실을 이해하려는 태도가 가장 중요하다. 연령에 맞게, 아이에 맞게 성교육을 시켜주자. 여성은 여성끼리 남성은 남성끼리 편 가르며 살지 말고 서로 존중하며 사는 사회를 만들자. 이성에 대해 쓸데없는 호기심이나 편견 없이 살 수 있도록 도와주자.

3 놀이의 발달

부모들은 자녀에게 "친구와 사이좋게 놀아라"고 말한다. 친구와 사이좋게 노는 것은 얼마나 자라야 가능한 것일까? 또래와 만나 같은 공간에서 논다고 해서 바로 사이좋게 놀 수 있는 것은 아니다. 아이들의 놀이 역시 발달의 순서를 거쳐 전개된다. 개인차가 있지만 대체적으로 다음과 같은 발달단계를 거친다.

처음에는 다른 아이의 놀이에 끼어들지 못하고 그저 바라만 보고 있는 방관자적 태도를 취하거나 단독놀이를 하는 비사회적 놀이nonsocial activity의 단계이다.

두 번째는 평행놀이parallel play 단계이며 비슷한 놀잇감을 가지고 놀지만 각자 노는 유형이다. 같은 공간에서 소꿉놀이를 하고 있으나 각자 상을 차리고 혼자 말하면서 노는 장면을 보여준다. 이때는 아이의 상상을 깨지 않는 범위에서 함께 놀 수 있도록 개입해 줄 수 있다. "둘이 따로 차리지 말고 함께 차리고 놀아봐"라고 말하는 것이 아니라 옆집 친구가 되어서 방문하는 것처럼 "띵똥~~ 저는 옆집에 이사

왔는데요, 맛있는 요리를 하는 냄새가 났어요. 저도 먹어도 될까요? 초대해 주세요" 등의 말로 상상의 장면에 들어가서 함께 놀아준다. 나란히 놀고 있던 다른 친구도 초대하고 싶은 마음이 들 것이다. 이런 과정을 거쳐서 혼자놀이에서 벗어나게 도울 수 있다.

다음 단계는 연합놀이associative play이다. 각자 다른 놀이를 하면서 서로 참견하거나 놀잇감을 교환하며 노는 유형으로 발전한 단계이다. 한 친구는 집을 짓고 있고 다른 친구는 길을 만들고 있는 장면에서 "너희 집 앞에 길이라고 할게"라고 말하거나 "지붕을 만들어야 하니까 그것 좀 빌려줄래?" 등의 대화가 오간다.

'친구와 사이좋게' 공동의 목표를 가지고 노는 단계는 협동놀이cooperative play이다. 규칙을 지킬 수 있고 상대방을 배려하는 능력이 있다는 것을 증명하는 놀이형태이다.

"야! 나랑 아파트 지을래?"라고 말해서 함께 친구들을 모아 상상놀이나 역할놀이를 하게 된다. 이러한 놀이과정에서 친구들에게 용납되지 못한 말이나 행동을 보이는 경우 함께 놀 수 있는 집단에서 배제될 수 있기 때문에 친구들과 사이좋게 놀 수 있는 친사회적 행동들이 나타나고 친구의 감정을 조망하며 이해하게 된다.

아이들의 놀이는 구체적인 경험을 발전시켜 가는 발달단계가 있다. 또래와 충분히 놀면서 자라야 하는 이유이다. 책이나 주입식 교육으로는 습득이 불가능한 능력이다. 어린 시기부터 이렇게 친구와 협력하고 배려하며 놀이하고 자라는 경험을 충분히 준다면 상급학교에서의 왕따나 학교폭력 같은 부정적인 문제들이 줄어들 것으로 보인다. 기회가 될 때마다 친구와 어울려 놀게 해줘야 한다.

4 수면습관

인터넷과 스마트폰의 사용이 늘면서 올빼미족이 되어가는 엄마아빠와 함께 심야까지 놀다가 늦게 자고 늦게 일어나는 아이들이 증가하고 있다. 굳이 전자파의 폐해를 논하지 않더라도 내 자신을 위해서도 가능하면 직장에서의 일

과 가정생활을 분리하여 저녁시간에는 가족과 함께 느긋하고 편안한 시간을 보내는 것이 좋겠다.

수면은 피로회복뿐만이 아니라 성장에 중요한 시간이다. 신체리듬을 스스로 조절하지 못하는 어린 자녀들이 일찍 자고 일찍 일어나게 하는 가정 분위기를 만들어주어야 한다. 예전 같으면 집에서 자유롭게 뛰어놀던 아이들이 엄마아빠보다 더 많은 시간을 집단 속에서 보낸다. 아침에 데려다 주고 일터로 가고 퇴근 후 데리러 오는 시간을 생각해 본다면 아이들의 스트레스는 그 작은 몸으로 감당불가일 경우도 많다. 엄마아빠가 만들어주는 안온한 가정 분위기에서 숙면을 취하도록 해줘야 한다.

성장 호르몬은 어두운 시간에 잠들어 있을 때 활발하게 분비된다. 성인도 잠을 제대로 자지 못하면 까다롭고 예민해진다. 정서적 안정과 인성형성을 위해서도 충분한 수면을 취해야 한다.

수면시간은 가족 모두가 같은 리듬으로 규칙적인 시간대를 형성하며 살아가야 한다. 저녁식사를 마친 후 이를 닦고 휴식을 취하다가 잠이 드는 일정을 함께 지킨다. 가사노동이 밀려 있다면 아이를 재우고 난 후 다시 시작한다. 잠을 잘 수 있는 편안한 분위기를 위해 놀잇감을 치운다. 졸립다가도 일어나 놀고 싶은 자극이 있으면 쉽게 잠들지 못하기 때문이다. 잔잔한 음악을 틀어놓아 집 전체를 아늑한 분위기로 만든다. 은은한 조명도 분위기를 내는 데 도움이 된다. 엄마아빠 목소리에 안정감과 사랑을 느끼기 때문에 차분한 분위기의 내용을 골라 책을 읽어주는 방법은 깊은 잠을 유도하기에 아주 좋은 방법이다. 좋아하는 침구를 제공해주는 것도 정서안정에 좋다.

배변학습이 끝나고 혼자서 화장실에 다닐 수 있는 무렵

에는 스스로 해보고 싶은 욕구가 강해지므로 혼자 자고 혼자 일어나는 훈련을 통해 독립심과 자율성을 길러준다. 잠들기 전, 자고 일어나서 가족끼리 인사를 나누는 것도 잊지 않는다.

잠들 수 있게 유도하여 30분 후까지는 자극을 주지 말아야 한다. 잠들고 난 후 5~20분 정도는 전수면 단계로 쉽게 깨어날 수 있기 때문에 수면장소를 옮겨줘야 하는 경우 30분 정도 지난 후 안아서 옮겨 눕혀준다.

잠든 아이의 얼굴은 정말 천사와 같다. 잘 잠들 수 있게 지도하여 잠든 동안 쑥쑥 자라는 모습에 보람과 감동을 느껴보기 바란다.

5 컴퓨터와 텔레비전

컴퓨터와 텔레비전은 우리 생활에 깊숙이 들어와 있다. 영유아기에 노출의 정도를 고민하는 가정이 많다. 일반적인 가정에서는 그 실천이 어렵지만 일부의 전문가는 만 2세까지는 영상매체에 노출시키지 말라고 말하기도 한다. 화면 속 세계와 현실에 대한 구분이 불가능한 특성 때문이다. 내용을 일방적으로 전달하는 매체이기 때문에 수동적인 상태에서 시청하면 지적 능력발달을 저해하는 결과를 낳는다. 충분히 생각할 시간을 주지 않기 때문에 사고력을 저하시킨다. 장시간 시청으로 시력저하나 비만을 초래한다.

어린 연령에 현란한 영상에 오랜 시간 동안 몰두하다가 유사자폐증을 보이는 아이들도 있다. 화면 속의 주인공에게 말하듯 혼자 중얼거리거나 사람들과 눈을 마주치지 못하는 증상으로 나타난다. 영유아기에 영상을 보여줄 때는 반드시 성인과 함께 화면 속의 내용에 대해 이야기를 나누면서 보여줘야 한다. 식사준비를 하거나 세탁물을 널면서 시간을 벌기 위해 아이 혼자 영상을 보게 하는 일이 반복되면 영상에 중독되는 결과를 낳게 된다. 식사준비를 해야 한다면 컴퓨터나 텔레비전을 끄고 요리에 참여하게 한다. 엄마가 잘라놓은 야채를 그릇에 담게 하거나 조리과정에 포함시켜 놀이처럼 즐거운 시간을 보낸다. 숟가락과 젓가락의 짝을 맞춰 놓게 하거나 반찬들을 보기 좋게 배열하게 하는 일은 아이들이 즐겁게 함께 하는 활동이다. 세탁물을 널어야 한다면 같은 양말끼리 찾아서 엄마에게 주거나 빨래집게를 하나씩 집어주는 일을 부탁한다. 취학 전 연령의 아이들은 이러한 일을 즐긴다. 집안일을 돕는다는 생각보다는 엄마와 즐거운 놀이를 하는 것으로 생각하기 때문이다.

영상 앞에 너무 오래 앉아 있는 것을 방지하기 위해 알람시계를 사용하여 시간을 제한하고 약속을 지켰을 때 칭찬해준다. 하루에 2시간 이상은 보지 않도록 약속을 정하고 엄마아빠도 그 약속을 함께 지켜나가는 모습으로 모범을 보여야 한다. 습관적으로 컴퓨터나 텔레비전을 켜놓는 가정은 켜놓는 시간대를 점검해보고 일정 시간에만 시청하도록 한다. 가족 간의 약속을 정한 후 실천할 것을 권한다.

영상을 들여다 보고 있을 때보다 즐겁게 몰두할 수 있는 일을 만들어 주는 것이 중독을 방지하는 방법이다. 몸을 움직이며 함께 게임을 하거나 블록 쌓기 놀이 등 아이가 좋아하는 놀이를 함께 해주면서 즐거움을 느끼게 해준다.

9월

1 추석, 생활 속의 예절 배우기

가을에는 우리의 대표명절인 추석이 있다. 추석은 일 년 중 가장 큰 달을 볼 수 있는 날로 수확을 축하하고 풍부한 음식을 서로 교환하는 날이다. 한복을 입을 때는 속옷을 갖춰 입고 치마나 바지 안에 청바지를 입는 등의 겹쳐 입는 것을 삼간다. 한복이 없을 때는 단정하고 정갈한 옷을 입고 예의바른 용모를 갖춰서 친척들을 만나러 간다. 어른을 만나면 정중하게 인사를 드린다.

집안의 어른들을 뵙거나 이동하는 과정에서 자연스럽게 생활예절을 가르치는 것이 좋다. 대중교통을 이용할 때는 좌석을 넓게 차지하여 다른 사람에게 피해를 주지 않는다. 타고 내릴 때 부모가 운전사에게 감사의 인사를 하면서 모범을 보인다. 노약자석, 임산부를 위한 좌석들을 알려주고 이유를 설명해 준다. 차 안에서 큰 소리로 떠들지 않아야 하며 장거리를 이동할 때는 재미있는 책이나 작은 게임자료 등을 준비하여 지루하지 않게 해준다. 끝말잇기 등의 놀이나 창 밖의 간판에서 아는 글자 찾기, 정거장 숫자 세보기 등 아이들이 좋아하는 놀이도 함께 하면서 즐거운 추억을 만들어준다. 타고 내릴 때는 연장자 혹은 상위자가 먼저 내리는 것이 원칙이지만 어린 영유아들의 안전을 잘 살피고 적당한 때에 타고 내려야 한다. 계단을 오르내릴 때도 뛰거나 떠들지 않는다.

집안 어른의 집을 방문했을 때 물건을 함부로 만지지 않아야 하며, 특히 냉장고 문을 열고 음식을 꺼내먹는 행위는

하지 않도록 미리 교육시켜 데리고 간다. 남의 집에서 사용한 물건은 제자리에 갖다놓는다. 음식을 대접 받으면 '고맙습니다, 잘 먹겠습니다. 잘 먹었습니다' 등의 인사를 한다. 부모가 생활 속에서 시범을 보이면 저절로 따라 배우게 된다. 음식을 먹을 때는 돌아다니지 않고 바른 자세로 앉아서 먹는다. 아직 더운 날씨이지만 어른의 배려가 있기 전에 양말이나 옷을 벗는 일이 없도록 한다. 사촌이나 또래친척을 만나 함께 놀이할 때 큰 소리를 내거나 함께 뛰어다니지 않게 하고 밀치거나 싸우는 일이 없도록 집에서부터 기억하도록 일러준다.

많은 수의 가족이 모였을 때는 화장실 사용에도 유의한다. 노크는 한 번만 하는 것이 좋고 안 나온다고 자꾸 문을 두들기거나 소리 내지 않고 '오래 걸려요?' 라고 작은 소리로 묻는다. 화장실 사용 후에는 물을 내리고 휴지는 적당량만 사용한다. 손을 씻을 때는 물을 너무 세게 틀지 않아야 하고 사용한 세면대는 깨끗이 해놓고 나온다. 어린 자녀가 하기 어렵다고 느껴지면 함께 정리해주는 것이 좋다.

가정에서 가족들과의 상호작용을 통해 예절을 배우며 잘

자란 아이들은 밖의 생활에서도 바르게 행동하기 때문에 사랑받고 칭찬받으며 자라게 된다. 모든 교육의 기초는, 인간의 최초 사회인 가정에서 시작된다.

2 논술의 기초

대학입시에서 논술의 중요성이 부각되면서 고액과외 열풍이 불고 있다. 논술을 쉽게 말하면 글 잘 쓰고 말 잘하는 능력이다. 즉, 의사소통에 능한 인재를 양성하겠다는 목적을 갖는다. 의사소통의 능력은 글과 말이라는 언어적인 요소뿐만이 아니라 자신감, 배경지식, 읽거나 듣는 자와의 교감, 문장력, 태도 등 많은 요소가 결합되는 것이다. 기계적인 암기만으로 쉽게 습득되는 능력이 아니기 때문에 부모들의 조바심을 더 불러 일으킨다.

하루아침에 형성될 수 있는 능력이 아니라는 말은 어려서부터 기초가 다져져야 한다는 뜻이기도 하다. 이것은 취학 전부터 글자를 가르치고 발표력 학원을 보내는 것과는 별개의 문제이다. 기계적인 글자쓰기 공부는 오히려 언어 학습에 반감을 갖게 하고 학습의 의욕을 떨어뜨린다. 그렇다면 취학 전 영유아를 위한 논술의 기초 다지기는 어떻게 하는 것이 좋을지 살펴보자.

유치원에서는 언어생활 영역, 어린이집에는 의사소통 영역에 목표가 설정되어 있다. 어린이집의 내용을 보면 '듣고 말하는 것을 즐기며 상황에 맞는 언어를 익혀 언어생활의 바른 태도와 습관을 가지고 일상생활에 필요한 의사소통 능력과 기초적인 문해능력을 기르는' 목표를 설정하고 각 연령별로 범주를 가지고 있다. 그러한 목표에 맞게 가정에서 함께 할 수 있는 부분을 찾아본다.

평소 가족 간의 대화에서도 부모가 눈높이를 맞추고 경청해주는 태도를 보이면 저절로 모방하여 바른 태도를 갖게 된다. 낮에는 직장과 기관에서 지내던 가족이 모두 모일 수 있는 저녁 식탁에서 격의 없이 낮 시간의 일들에 대해 이야기를 나누고 대화하기 바란다.

아이가 말을 배우기 이전부터 여러 가지 현상들을 말로

표현하여 알려주고 말을 배우기 시작하면 정확한 발음으로 반복 발음해주는 방법을 사용한다. 아이들의 유아어도 가능하면 표준말로 반복해준다. '엄마, 까까' 라고 말하면 '엄마에게 과자를 주라는 말이구나' 라고 반복해 말하면서 마음을 읽어주는 대화법이 필요하다.

다른 사람들이나 또래친구들과 어울려 노는 일이 글자를 배우거나 논술의 능력을 신장시키는 일과 무관해 보일지 모르지만 가장 중요한 과정이다. 논술은 의사소통을 위한 도구이기 때문에 반드시 상대방이 존재한다. 내가 아닌 타인과 상호작용하는 가운데 어떻게 표현해야 할지 감각을 익히게 된다. 노트에 글자를 반복적으로 쓰게 하는 것보다 놀이터에 데리고 나가서 만나는 사람들과 어울려 즐겁게 뛰어놀게 하는 것이 발달적으로 더 효과적인 방법이다.

주변에서 친숙하게 듣던 음악의 노랫말을 알게 되면 쉽게 그 노래를 부르게 되는 것과 같이 글자 역시 기분 좋게 자주 접하고 친숙해지면 빨리 깨치게 된다. 연령에 적합한 책을 재미있게 읽어주거나 상가의 간판에서 아이 이름과 같은 글자 찾기 같은 게임을 통해 일상생활 중에 글자에 관심을 갖도록 유도한다.

3 부모교육의 필요성

영유아들의 교육만으로도 하루가 빠듯한 선생님들이 부모교육 자료를 발송하기도 하고 부모를 위한 행사를 기획

하기도 한다. 좀더 시야를 넓혀서 지역사회의 다른 기관과 유대를 가지면서 부모를 돕는다. 기관에서 행하는 교육은 부모와의 일관성이 적용될 때 더 많은 효과를 갖는다. 많은 연구들이 효과적인 영유아교육을 위해 부모의 참여가 필수적이라는 것을 보여준다. 부모가 참여하지 않은 상태와 참여한 상태를 비교 · 분석해 보았을 때 함께 한 그룹에서 여러 가지 발달적 측면이 의미 있게 향상된다는 것이다.

영유아를 위한 측면뿐만이 아니라 부모 자신을 위해서도 부모교육은 필요하다. 부모로서의 역할은 결혼한 성인이라면 대부분 하게 되며 특별한 훈련이나 교육을 받지 않고도 자연스럽게 시작하는 역할이다. 핵가족 내에서의 부모역할은 많은 갈등과 어려움을 갖게 한다. 각 연령에서 나타나는 자연스러운 현상을 문제행동으로 해석하기도 하고 지도방법을 잘못 적용하여 바른 성장에 손상을 주기도 한다. 자신의 뜻대로 자라주지 않는 아이 때문에 부모-자녀 관계가 악화되어 우울증을 겪기도 하고 버거운 육아로 인해 심한 스트레스를 갖기도 한다.

지금은 힘들지만 잘 견뎌내는 지혜가 필요하다. 취학 전

시기의 부모-자녀관계는 전 생애를 거쳐 모든 것의 기초가 되기 때문이다. 엄마에게 매달리고 귀찮게 하면서 따라다니는 아이가 머지않아 또래관계를 더 중시하면서 친구들과 노느라 엄마의 존재를 등한시 하게 된다. 친구들에게 빠져 있던 아이는 곧 아동기, 청소년기를 거쳐 이성에게 몰두하며 독립한다. '엄마, 나가 놀아도 되요?' 라는 질문이 시작되면 품에서 떠나보내는 준비를 하면 된다. 자녀가 부모에게 보여주는 '사랑스러운 재롱' 은 만 5세 이전에 90% 이상 사용한다고 한다. 내 생활을 희생해가며 뭐든지 해줘야 하고 보살펴야 하는 일이 힘들지만 긍정적으로 양육을 바라보아야 한다. 스트레스를 현명하게 덜어내며 행복한 부모가 되기 위해 노력해야 한다.

기관에서 안내해주는 여러 가지 정보에 관심을 가지고 자녀에게 최선이 무엇인지 생각해 보기 바란다. 자녀의 발달에 가장 많은 영향을 미치는 핵심적인 존재이기 때문에 부모가 자신에게 가장 적절하고 효율적인 정보를 찾도록 도와주는 과정이 부모교육이기 때문이다.

가정과 교육기관, 지역사회는 모두 영유아의 성장 · 발달에 많은 영향을 미치는 중요한 요소이다. 각 가정에서 기관과 지역사회를 동반자로 생각하고 믿어줄 때 공동의 관심사와 책임감으로 보다 나은 프로그램을 위해 협력하고 노력한다.

4 기질에 따른 양육법

기질이란 외부의 자극이나 요구에 대한 반응을 의미한다. 몇 가지 연구를 보면 부모가 자녀의 기질에 만족할수록 유아기의 걱정-불안, 적대-공격, 과잉행동-산만의 문제행동이 적다. 유난히 까다롭거나 산만한 아이를 둔 부모는 내가 잘못 키워서 그런 건 아닐까 자신의 양육법을 염려하지만 기질은 타고난 것으로 출생부터 기질이 나타나 지속되기 때문에 자책이나 죄책감 같은 것은 덜어놓는 것이 좋겠다.

타고난 기질은 양육환경에 따라 쉽게 바뀌기가 어려운 것으로 보는 이론들이 있다. 고대 의학에서는 다혈질, 담즙질, 점액질, 우울질로 구분하고 한의학에서는 소음인, 태양인, 소양인, 태음인으로 구분한다. 영유아기 아이들의 기질을 논하는 가장 일반적인 이론은 토마스와 체스(Thomas & Chess, 1977)라는 학자가 9가지 구성요소에 따라 3유형으로 분류한 것으로 순한 아이, 느린 아이, 예민한 아이로 나뉜다.

순한 아이는 약 40~50% 정도가 해당되며 일단 키우기에 별 어려움이 없어서 관심을 받지 못해 손해 보는 경향이 있다. 대화를 통해 마음을 읽어주고 배려 받고 있다는 느낌을 갖도록 해준다. 환경이 좋지 않고 방치되면 문제를 일으키므로 순하게 잘 커줘서 고맙다고 말하고 친밀하게 대한다.

느린 아이는 15~20%로 천천히 발동이 걸려서 적응이나 표현에 시간이 오래 걸린다. 일하는 엄마의 아침시간에 느려터진 행동으로 땀을 흘리게 한다. 급한 성격의 부모와 부딪히면 서로 너무 괴로운 기질이다. 강요하면 거부하는 경향이 있으므로 느긋한 대화가 가장 좋은 양육법이다.

예민한 아이는 10~15%로 민감하고 까다롭다. 딱 붙어서 칭얼거리고 부정적인 감정이 많으며 부모 스타일에 맞추려 할 때 문제가 발생한다. 좋아하는 놀이공간을 만들어주고 언제든지 놀게 배려하거나 다음에 일어날 일을 미리 알려줘서 까다로운 반응을 줄여줘야 한다.

모든 아이들이 세 가지 유형으로 명료하게 분류되기보다는 가장 특징적인 성격으로 나누는 경향이 있다. 자신의 아이가 어떤 특성의 아이인지 이해하고 맞춰주는 것이 좋겠다. 육아의 기본은 아이중심에서 생각하는 것이다. 내가 우리 아이라면 이럴 때 이런 기분이겠다 생각하고 그 상황에 맞는 배려를 해주는 것이 좋다.

아이의 기질을 검사해보고 싶다면 여러 가지 체크리스트가 있다. '기질'을 검색하여 소아청소년과 의사들의 홈페이지를 찾을 수 있고 몇 가지 문항을 통해 무료로 알아볼 수 있다.

5 집중력 길러주기

모든 부모는 자신의 아이가 유능하고 행복하게 살아가기를 바란다. 공부를 잘해서 자신감으로 인간관계도 잘 맺고 당당하게 살아가기를 바라는 것이다. 공부를 잘 하는 아이로 키워주기 위해 많은 노력을 한다.

어떤 아이가 공부를 잘 할까? 정서가 안정된 아이이다. 성인도 마음이 불안하고 불편하면 책을 읽거나 강의를 들을 때 집중할 수 없다. 편안하고 온정적인 가정환경, 즐거운 또래관계, 부모의 사랑으로 얻어진 자존감 같은 요소들이 뭉쳐졌을 때 아이는 자신의 관심사에 집중하고 즐겁게 학습한다. 집중력을 길러주기 위해 가정에서 실천해 볼 수 있는 일들을 찾아보자.

가정환경은 자유롭게 표현하고 놀 수 있는 분위기가 만들어져야 한다. 가족 모두 텔레비전을 시청하는 시간이나 컴퓨터를 사용하는 시간을 제한한다. 재미있는 프로그램이나 게임 등은 집중력을 필요로 하지만 일방적이고 수동적인 집중력이므로 영유아기에 형성되어야 할 능동성, 자율성 등의 능력과 반대의 개념이다. 여건이 된다면 아이방은 독립된 공간을 할애해준다. 혼자 있는 시간은 집중력에 도움이 된다. 벽지나 장식은 너무 화려하지 않아야 하며 장난감은 스스로 정리할 수 있게 해준다. 장난감별로 박스나 바구니에 정리하게 하는데 각각의 사진을 찍어 붙여주거나 그림을 함께 그려서 부착하는 방법으로 정리장소를 알게 해준다.

가족이 매일 정해진 시간에 산책을 하거나 음악을 듣는 등의 일과를 만들어놓고 함께 하는 일은 그 시간에 다른 여러 가지 일에 신경을 쓰지 않게 되어 집중력을 기르는 데 도움이 된다.

책을 사줄 때는 전집으로 대량구입하지 말고 낱개로 사준다. 전집을 한꺼번에 내주면 책 한 권에 집중하지 않고 이책 저책을 꺼내보거나, 다음에도 읽을 수 있다는 생각으로 아예 쳐다보지 않는다. 아이와 함께 고른 책을 낱개로 구입하면 자신이 선택한 책에 더 많은 애착을 가지고 집중한다.

책읽기나 놀이활동을 할 때 한 가지에 집중하면 칭찬한다. 성취감과 기대감이 커져서 어떤 일에 더 즐겁게 몰두하게 된다. 집중력의 원천은 성취욕이기 때문이다. 잘 하지 못할 때도 다른 아이와 비교하거나 훈계하지 않는다. 비교를 당하면 다른 아이가 얼마나 했는가에 신경을 쓰고 엄마의 반응을 살피다 보면 자신의 일에 몰두하지 못하고 집중력이 더 떨어진다.

엄마가 큰 소리로 고함을 치거나 화를 내면 집중력이 떨어진다. 평소에 나긋나긋한 작은 소리로 대화하는 습관을 갖게 되면 주변의 작은 소리나 변화에도 관심을 기울이고 집중할 수 있다.

10월

1 할머니의 자아찾기

오십 중반이 지난 여성들의 모임에서는 손자양육의 문제가 항상 주요 논란거리가 된다고 한다. 많은 분들이 남편과 자식만을 위해 많은 것을 포기하며 살아오신 세월을 돌아보며 지금부터라도 자신만을 위해 사시겠다고 주장하신다.

며느리에게 거절하는 형식을 취하지 않고 손자를 맡지 않는 요령이 전수되고 있다고 한다. 첫 번째 요령은 완전무식한 엽기할머니처럼 행동하는 것이다. 음식을 식히거나 잘게 쪼개서 먹이기 위해 자신의 입으로 씹은 뒤에 먹인다. 반드시 며느리가 보는 앞에서 "아이구, 귀여운 내새끼"하면서 입 속의 음식을 꺼내 먹인다. 대부분의 며느리들은 위생에 관한 교육을 철저히 받은 세대이기 때문에 기겁을 하고 아이를 데려간다는 것이다. 이러한 작전에 실패하면 두 번째 요령을 적용한다. 천방지축인 손자가 어질러놓은 물건들을 정리해 주면서 하는 연극이다. 며느리를 위해 위로의 말을 한다. "아가, 힘들지, 내가 청소를 해주마"라고 말하면서 더러운 곳을 걸레로 닦는다. 걸레질을 열심히 하다가 땀 흘리고 노는 손자에게 다가가 새까만 걸레로 얼굴을 닦아주라는 것이다. 그때도 역시 "아이구, 귀여운 내새끼"라는 대사가 필요하다.

두 가지 작전이 모두 실패하면 포기하고 손자를 맡아야 된다고 한다. 발음이 엉터리인 영어단어를 자주 사용하는 것도 잘난 며느리가 고뇌하게 만드는 것이라고 한다.

모두 깔깔 웃으면서 논의하는 내용이라고 들었지만 단순한 농담은 아니라고 생각했다. 자아를 찾고 싶은 어르신들이 많아진다. 여러 형태의 문화센터에는 어른들이 단체로 강습을 받고 계시는 모습들을 흔하게 만날 수 있다. 자식들과 따로 살기를 원하고 자유를 누리며 살고 싶어 한다. 저자가 존경하는 교수님 한 분은 시집간 딸이 손자, 손녀를 데리고 오면 너무 반갑고 좋은데, 가고 나면 '더 좋다' 고 하셨다. 진심이라는 말씀을 덧붙이셨다.

부모님들께서 먼저 손자양육을 원하시지 않으면 기대하지 말자. 자식교육시키고 혼사치뤄 주시면서 지금껏 희생으로 살아오신 부모님께 이제는 자유롭게 인생을 즐기시도록 배려해 드리자. 우리의 아이는 우리가 기를 각오로 살아야 할 시대인 것 같다. 이러한 시대이기 때문에 양육의 문제에는 부부가 함께 개입해야만 한다. 부부가 합심하고 주변기관의 힘을 빌어서 길러내야 할 것 같다. 다행히 국가수준에서 관리해주는 영유아교육기관들과 정보를 제공해주는 보육정보센터도 있지 않은가......

2 부모와 자식의 코드

내 아이를 낳아 기르고 있는 지금 자원해서 손자나 손녀를 보살펴주시는 부모님이 계신다면 뼛속 깊이 감사의 마음을 가져야 한다. 조부모가 자신의 핏줄에게 주는 순수한 사랑은 화려한 기관의 환경, 고학력 교사의 가르침보다 가치있기 때문이다. 전적으로 맡아 키워주시지 않아도 애지중지 귀여워해주신 할머니, 할아버지의 사랑과 수고를 손자는 알지 못한다. 아이가 좀더 자라면 할머니께 감사하는 마음의 표시를 어떻게 할지 생각하고 아이다운 계획을 말해보도록 하는 것도 즐거운 가족토론거리가 될 것이다. 아이의 생각을 묻고 기록으로 남겨놓아 한 번씩 꺼내보는 것도 재미있는 일이다.

미래의 모습을 생각하면서 좋은 할머니가 되어주기 위해 아들에게 제안을 했다가 의외의 반응에 미소 짓던 일화가 있다. 저자는 치열하게 일하는 딸의 육아에 무관심한 엄마에게 늘 서운한 마음을 가지고 살아왔다. 신생아기에 잠시 도와주신 후에 무관심으로 일관했기 때문에 내가 느낀

서운함을 느끼지 않도록 내아들의 자식들, 즉 손자들을 보살펴 주리라 마음먹었다.

중학교 1학년이던 아들에게 '엄마는 네 아이들을 정말 사랑해 줄거야, 너랑 며느리가 일하러 나가면 하루종일 안고 다니면서 세상 공부도 시켜주고 잘 보살펴 줄래' 라고 말했다. 아들은 "엄마는 벌써 그런 생각을 하셔요? 역시 우리 엄마는 영유아를 사랑하는, 천성이 좋으신 분 같애. 고맙습니다"라고 기분 좋은 반응을 보여줬다. 제 방에 들어가 생각을 골똘히 하는 듯싶더니 다시 나와 말했다. "엄마! 그런데요, 그 아기는 엄마의 아기가 아니고 제 아내의 아기잖아요, 제 아내의 생각을 물어봐야 할 것 같아요. 자기 아기를 엄마가 늘 안고 다니며 뽀뽀하고 그런 것을 좋아할까요?"라고 조심스럽게 물었다. '아내'는커녕 여자 친구도 없던 녀석의 생각을 듣고 잠시 망연자실. 혼자 폭소를 터트렸지만 곧 쓴 웃음이 되었다.

다섯 살 때는 엄마아빠가 좋아하는 가구, 욕조, 책장 등 아주아주 세밀하게 그려놓은 3층짜리 집의 그림을 보여주며 같이 살 집이라고 했다. 돈을 많이 벌어서 매일 오십만 원씩 줄테니 엄마는 지갑만 사세요라고 말했다. 죽을 때까지 절대 헤어지지 않을 거라고 했고 유능한 과학자가 되어 150살까지 사는 약을 개발해 엄마에게 드리고 자신은 먹지 않겠다고 했던 아들이었다. 혹시나 다른 아이와 다른 효자일까 했더니만 역시나, 아직 존재하지도 않는 아내, 내게는 며느리인 그 여자가 원하는 대로 산다고 했다. 만 5세 이전 아이와 나누는 사랑과 교감을 추억하며 평생 부모라는 직업을 행복하게 여기며 산다더니 맞는 말이다.

알았어...... 니들이 원하는 대로 해줄게. 봐달라면 봐주고 접근하지 말라면 접근하지 않을게. 니들 코드에 맞춰야지 별 수 있니?

3 좋은 기관의 선택

여러 가지 지원정책이나 여건에 따라 어린 영유아들이 이른 나이에 기관생활을 시작한다. 우리나라에는 다양한 사교육기관을 제외하고 국가수준의 관리가 이루어지는 기관으로 어린이집과 유치원이 있다. 이 두 기관을 관리감독하는 부처가 다르지만 최근에는 여러 가지 측면에서 유사하게 발전해가고 있다.

어린이집은 엄마의 출산휴가 후, 즉 생후 3개월부터 취학 전까지의 영유아를 종일반의 프로그램으로 보육한다. 삼성그룹과 같은 기업의 복지사업으로 운영되는 어린이집, 대학이나 보육교사 교육원 부설기관으로 운영되는 어린이집, 시립이나 구립 등 국 · 공립 어린이집, 개인이 운영하는 민간어린이집, 아파트나 주택단지에서 볼 수 있는 소규모 가정어린이집(과거 명칭 놀이방)으로 나누어진다. 보육시간은 아침 7시 반부터 오후 7시 반까지이다.

유치원은 만 3세 이상의 유아가 취원할 수 있으며 오전 수업 중심의 반나절 프로그램을 운영하는 곳이 많지만 최근에는 일과시간이 점점 늘어나는 추세이다. 초등학교 병설 혹은 단설의 형태인 국 · 공립 유치원과 개인이 운영하는 사립유치원으로 나뉜다.

근처의 기관을 돌아보고 시설이 단독건물인가의 여부, 실외놀이터와 같이 신선한 공기를 접할 수 있는 곳이 확보되어 있는가의 여부, 일과 운영시간, 교사진, 집과의 거리, 운영방침, 주변의 여건, 비용 등을 고려하여 선정한다.

여러 해를 보내고 싶을 만큼 마음에 드는 기관이 있으면 입학시기에 맞춰서 기관의 근처로 이사를 하는 것도 고려해보자. 아이를 데려다주고 데려오는 일도 아빠와 엄마의 출 · 퇴근시간을 고려하여 합리적으로 분담한다. 나이가 어릴수록 일정 기간의 적응훈련이 필요하다. 갑자기 집단에

투입되었을 경우 아이가 느끼는 정서불안, 애착이 형성되어 있는 성인과 헤어져 있는 동안 느끼는 분리불안 등의 스트레스를 최소화시켜주어야 한다. 기관에 머무는 시간을 점차로 늘려가면서 교사나 친구들과의 친근감을 형성시켜 준다.

여건이 허락하면 기관의 정규 프로그램 외의 시간에 아이를 보살펴 줄 일정한 성인을 확보해놓고 도움을 받는다. 아빠나 엄마의 직장스케줄에 갑작스러운 변동이 있을 경우 아이를 데려가는 일, 병원시간에 맞추어 예방주사를 맞게 하는 일, 수두와 같은 전염병에 감염되어 기관에서 격리된 아이를 보호해주는 일을 대신해 줄 사람이 확보되면 부모와 아이가 안정된 삶을 사는 데 큰 도움을 받을 수 있다. 부모님과 가까운 곳에 사는 것, 비슷한 연령의 아이를 양육하는 친척이나 이웃과 유대를 돈독히 하며 가깝게 사는 것도 서로에게 큰 도움이 될 것이다.

4 아이는 나의 거울

미국 펭귄북스의 베스트셀러인 『자녀를 성공시킨 아버지들』(김영사)이라는 책은 부모가 자녀에게 전해줄 덕목을 일곱 가지로 선정하고 이야기를 분류해 놓았다. 일곱 가지 덕목은 야망, 용기, 헌신, 믿음, 시각, 책임감, 자아수련이다. 이 책은 아버지라는 토양에 뿌리를 내리고 성공한 유명 인사들과 아버지들의 삶을 소개하면서 아버지의 영향력이 한 개인의 인생에 얼마나 중요한 지 실감하게 한다. 사람들의 아버지에 대한 생각이 곧 인간으로서의 자기 자신을 보는 것이라고 말한다.

말을 배우는 시기에 아이들은 부모의 어투를 그대로 모방하여 부모들을 놀라게 하는 사건들이 일어난다. 공원을 산책하다 한 아이가 넘어지며 내는 외마디 소리를 듣고 한참을 웃었다. "월래~!" 충청도에서 놀러온 아이라는 것을 알 수 있었다. 흔히 아들은 아빠의 말투를, 딸은 엄마의 말투를 모방한다.

도서출판 이레의『마음을 열어주는 101가지 이야기』제 1권에서 인용한 '어린 눈이 당신을 보고 있다'는 글이다. 부모의 언행이 아이에게 어떤 영향을 미치는 지 다음의 글을 읽으면서 알게 될 것이다.

여기 어린 눈이 있어 당신을 지켜본다. 밤이나 낮이나 당신을 보고 있다.
여기 어린 귀가 있어 당신이 하는 모든 말들을 남김없이 듣고 있다.
여기 어린 손이 있어 당신이 하는 모든 일을 따라 하고 싶어 한다.
그리고 여기 당신처럼 될 날을 꿈꾸는 어린 소년이 있다.

당신은 그 어린 친구의 우상이며 그에게 있어서 당신은 세상에서 가장 지혜로운 사람이다. 그의 어린 마음은 당신에 대한 어떤 의심도 일으키지 않는다.
그는 무조건 당신을 믿으며 당신이 말하고 행동하는 모든 것을 받아들인다.
그는 당신처럼 어른이 됐을 때 당신이 하던 방식 그대로 말하고 행할 것이다.

여기 당신이 항상 옳다고 믿는 커다란 눈의 어린 친구가 있다.
그의 눈은 언제나 열려있고 그는 밤이나 낮이나 당신을 지켜본다.
당신은 날마다 당신이 하는 모든 행동 속에서 하나의 본보기가 되고 있다.
어서 어른이 되어 당신처럼 되기를 기다리고 있는 그 어린 소년에게

5 칭찬하는 법

칭찬은 고래도 춤추게 한다는 말이 유행하면서 부모들은 시도 때도 없이 자녀들을 칭찬했다. 보다 못한 한 텔레비전 채널에서 칭찬이 미치는 영향을 분석한 다큐멘터리가 제작되기도 했다. 학교성적이 부모의 기대만큼 나오지 않은 아이에게 무조건적으로 칭찬만 했을 때 오히려 동기유

발에 나쁜 영향을 미쳤다. 반대로 '엄마는 ~~를 기대했는데 ~~의 성적이 나왔구나, 다음에는 ~~부분을 더 학습해서 더 좋은 성적을 받았으면 좋겠다, 수고했다' 고 솔직하게 말해주는 부모의 아이들이 공부에 자기주도적인 의욕을 가지고 도전하는 사례들을 보여줬다.

어린 영유아를 위한 칭찬도 도가 지나친 것을 가끔 본다. 공공장소에서 아이가 소리를 지르며 뛰어다니는 행동은 남에게 피해를 주는 나쁜 행동이다. 타인의 자녀가 그렇게 돌아다닌다면 대부분 눈살을 찌푸리고 그 부모나 보호자를 찾아 쳐다 볼 것이다. 한 유명식당에서 이러한 행동을 하고 있는 아이에게 그 엄마와 아빠는 미소를 지어 보내며 '우리 ○○이 목소리가 우렁차구나, 뛰는 속도도 빨라졌네' 라며 칭찬을 하고 있었다. 종업원이 다가와 작은 소리로 아이에게 제재를 가해줄 것을 요청하자 아주 기분 나쁘다는 표정을 지었고 로비로 데리고 나가 다시 뛰어놀게 했다. 이런 장면을 맞닥뜨릴 때마다 결혼 전 부모교육이 필수가 되는 나라에서 살고 싶다고 생각한다.

요즘은 사이버상에서도 『부모교육』(예 와이제이사이버평생교육원 사이트)이라는 과목을 들을 수 있다. 이러한 강좌들을 찾아서 공부하거나 여러 분유회사, 유아용품 회사 등에서 제공하고 있는 육아법 등에 관심을 가져주면 좋겠다.

칭찬하는 법을 알아보자. 구체적으로 칭찬해준다. 무엇을 잘해서 칭찬받는지 모르는 막연한 칭찬에 대해서는 시간이 지날수록 관심이 없어진다. 칭찬할 때 흔히 사용하는 잘했다, 착하다, 예쁘다 같은 말은 무엇에 대한 칭찬인지 알 수 없게 만드므로 가급적 구체적 사실을 들어 칭찬한다. '당근을 먹었어? 음식을 가리지 않으니 정말 건강해지겠구나', '휴지를 쓰레기통에 버려주니까 우리집 거실이 깨끗해진 것 같다. 고마워'... 등의 대화방식으로 구체적인 행동에 대한 칭찬을 해준다. 칭찬의 말과 함께 쓰다듬어 주거나 부드럽게 토닥여주는 스킨십을 나누면 보다 많은 정서적인 안정감을 느끼게 된다.

11월

1 마음을 여는 대화법

'엄마의 잔소리' 라는 소재가 재미있는 영상이나 개그 프로그램에서 널리 활용되고 있는 것을 보면 우리 모두가 공감할 수 있기 때문일 것이다. 자녀를 양육하는 과정에 가정의 문화를 전수하고 좋은 습관을 바로 잡아주기 위해 늘 뭔가를 말해야 한다. 이러한 의사소통의 과정에서 자녀의 마음을 열고 잘 받아들이게 하는 대화법을 생각해보자.

효과적인 대화에는 내 말을 잘 듣도록 하기 위해 우선 내가 먼저 잘 들어주는 경청의 모범을 보여야 한다. 내 말을 먼저 들어보라고 하지 않고 자녀의 말을 들어주면서 현재의 마음상태를 이해한다, 자녀의 표현을 수용하고 공감해주는 자세로서 추임새를 넣거나 끄덕여주는 모습을 보여준다. 자녀의 말에 대해 이해가 안 된다고 해서 바른대로 말하라고 다그치거나 화부터 내는 것은 스스로 의사소통의 기회를 차단하는 결과를 낳는다. 자녀의 말을 잘 들어주고 내 의사를 잘 전달하기 위한 실제 방법을 찾아보자.

일단 자녀의 의견을 인정하고 존중해주는 말을 한다. 결과가 우습다해도 노력하는 과정 자체는 칭찬하고 격려해야 한다.

인정하고 신뢰를 보내는 말을 한다. 가능하면 구체적인 말로 칭찬한다.

• 그랬구나

- 네가 생각한 방법도 좋을 것 같아
- 네가 재미있어 하니까 엄마도 기뻤어
- 생각을 많이 한 것 같구나
- 네가 도와줘서 힘이 덜 들었어
- ~~한 건 정말 잘했어
- 정말 좋아졌구나
- 잘 할 수 있을 거라 믿었어
- ~~해줘서 정말 고맙구나
- 네가 생각하는 방법이 좋을 것 같아
- 넌 그걸 해 낼 거야
- ~~해서 네가 자랑스러워

위의 대화들을 통해 자녀와 자연스럽게 서로를 격려하고 의견을 제시하는 과정이 유아기에 자연스럽게 정착되어야 한다. 이러한 대화가 가능한 가정은 훗날 외계인으로 변하는 사춘기에도, 반대하는 이성을 데려와 결혼하겠다고 고집피우는 청년기 자녀와도 대화를 통해 문제해결을 시도해 볼 수 있다.

2 마음을 닫는 대화법

부모가 경청, 공감, 수용, 인정, 격려 등의 의미를 담은 말을 통해 자녀의 마음을 읽어주고 의사소통을 시도하며 사는 가정은 항상 즐거운 대화가 넘쳐난다. 하지만 우리나라 가정의 대화실태를 연구한 사례들을 보면 자녀에게 말하는 대화에 하지 마, 빨리 일어나 등의 명령과 금지가 가장 많았으며 밥 먹어, 가방 매 등의 사무적인 내용이 많았다. 대부분의 상황에서 자녀의 마음을 읽어줘가며 존중하는 대화를 한다는 부모는 5%에 불과했다. 현재 내 대화가 존중하는 5%에 포함되지 않는다면 문장과 표현방법을 점검하고 개선을 위해 노력해보자.

다음과 같은 경우 마음을 닫고 방문도 닫고 대화도 닫는다. 삼가고 좀더 존중하는 대화를 위해 노력해야 할 것이다.

• 결과를 중시하고 소리부터 지르는 다혈질의 성격 드러내기

이러한 부모들은 야단부터 치고 보기 때문에 자녀가 자

랄수록 부모와의 대화를 피한다. 젊은이들의 표현을 빌려 보면 말하면 할수록 '먹히지' 않는다.

• 다른 사람과 비교하여 말하기

다른 친구나 형제, 자매와 비교하여 말하면 평생 열등감을 가지고 사는 자녀가 된다. 꾸중을 해야 한다면 잘못된 행동 자체만 지적하고 행동의 원인을 이해하려 노력해야 한다.

• 예전의 잘못까지 모아 한꺼번에 나열하여 말하기

이러한 대화가 시작되면 '또 시작이다'는 반응과 함께 주의를 기울여 듣지 않는다. 끊임없이 잔소리를 해댈 때 듣고 싶지 않으면 청각능력이 저하되어 들리지 않는다는 실험연구도 있다. 지금 여기, 해당하는 문제 하나만 지적하고 행동의 원인을 이해해 주면서 개선방법을 함께 의논하는 대화법을 사용한다.

• 빈정거리면서 명령하기

많은 가정에서 아침시간 자녀를 깨우는 일이 힘겹다고

한다. 다 같이 일어나 씻고 밥 먹고 일터나 기관으로 가야 하는데 일어나지 않는 아이 때문에 화를 참지 못하겠다고 한다. '야, 꼭 바보 굼뱅이 같다, 네가 그러면 그렇지, 빨리 해!' 라고 소리를 지른다고 한다. 이러한 대화는 하루의 기분을 망친다. 조금만 더 이성적인 문장으로 바꿔보자. 빨리 하자 → 부지런히 하자 → 부지런히 하면 좋겠어 → 부지런히 하면 어떨까? 엄마도 기분좋게 아침상을 차릴 수 있을 것 같아……

내일 아침에 아이를 깨울 때 어떤 말이 좋을지 오늘 저녁의 식탁에서 토론을 해보고 좋은 말로 깨우면 짜증내지 않고 일어나기 같은 가족규칙을 만들어보며 관계를 지금보다 훌륭하게 만들어보기 바란다.

3 부모상담

기관의 부모상담은 대부분 1학기와 2학기로 나뉘어서 진행된다. 1학기의 경우 선생님보다는 부모가 자녀의 발달 상황이나 생활습관에 대해 많은 이야기를 들려주는 것이 좋다. 담임교사가 자녀에 대한 정보를 많이 가지고 있을수록 친밀감을 가지고 지도에 활용할 수 있기 때문이다. 2학기의 경우는 담임교사나 원장의 말을 귀담아 듣고 내년의 교육적인 연계성을 모색할 수 있도록 한다.

정기상담 기간에는 1인당 20~25분 정도의 상담시간이 할애되기 때문에 기관과 함께 잘 키울 수 있는 대화가 되도록 신중을 기한다. 담임교사와 마주앉아 주변의 신변잡기 등을 소재로 수다를 떨거나 기관의 불만사항에 대해 냉철하게 피력하는 시간이 아니라 내 자녀의 교육을 위해 소중하게 사용해야 하는 시간이다. 교사들은 일부 부모에게 부담을 느끼게 되는데 부담스러운 존재가 아니라 '○○의 엄마답게 참 좋은 분이시다'는 인상을 남겨주면 좋겠다.

기관의 행사나 수업에 비협조적이고 무관심한 엄마가

되지 말자. 준비물을 잘 챙겨 보내주고 일과 외의 행사준비로 고생하는 선생님에게 격려의 말을 건네주는 여유있는 부모가 되어주자.

내 아이가 기관에서 잘 적응하는지, 혹시 발달이 뒤처지지는 않는지 불안해 하면서 빠른 변화를 요구하기보다는 가정통신문이나 주간교육계획안을 잘 살펴보고 가정에서도 함께 끌어주는 노력을 해야 한다.

많은 아이들이 집단에서 생활하기 때문에 자기자식만 잘 봐주기를 원하는 것은 이기적인 일이다. 여러 아이들이 외동이거나 둘 혹은 세 자녀의 가정에서 자라기 때문에 함께 나누고 협력하는 것을 배워야 하는 곳이 기관이기도 하다. 친구와 사이좋게 놀기, 놀잇감을 양보하며 함께 나누기 등의 교육이 가정에서도 이루어져야 한다.

상담 도중 울거나 화부터 내는 부모도 교사가 부담스러워 하는 유형에 속한다. 가능하면 상담할 내용을 잘 정리하여 논리적으로 말하고 감정에 치우치지 않도록 해야 한다.

교사들이 젊어 보인다고 반말을 하거나 낮춤말을 쓰는 것도 금기사항이다. 교사들은 일정한 양성과정을 거쳐 국가자격증을 소지한 전문인들이다. 그리고 무엇보다도 내 자녀의 성장과 발달을 일부 책임지고 있는 존재이기 때문에 존중하고 협력하여 양육의 좋은 동반자가 되어야 한다.

4 가정교육의 점검

영유아교육에 대한 연구보고서들을 읽으면서 아이들이 살아가고 있는 물리적 환경을 차량에 비유한 글을 보았다. 차량을 안전하고 쾌적하게 운전하는 것처럼 많은 부분이 조화를 이루어야 한다는 내용이었다. 우리의 가정도 이와 다르지 않다는 생각을 했다. 엄마아빠가 끌고가는 우리집은 안전하고 쾌적한 곳인지 차량에 비유하여 살펴보자.

- 안전벨트와 에어백 : 질병과 사고로부터 내 자녀를 보호하는 안전관리를 하고 있는가?
- 연료 주입 시스템 : 영양이 풍부한 식사와 간식을 제

공하고 있는가?

- 반응적 운행 : 자녀가 원하는 것이 무엇인지 파악하고 적합한 주의집중을 해주고 있는가?
- 충격 흡수 기제 : 성숙으로 향한 도로에서 거친 장소에 직면한 자녀를 위해 발달에 적합한 도움을 주고 있는가?
- 스티어링 메커니즘 : 자녀의 호기심, 창의성, 문제 해결력 등을 잘 유도해 줄 수 있는 발달적으로 적합한 교육기관을 선택해 보내주고 있는가?
- 오토매틱 트랜스미션 : 변화되는 자녀의 흥미에 따라 기어를 변속하는 부모의 능력이 발휘되고 있는가?
- 안전한 실내장식 : 자녀의 자아 존중감에 쿠션을 제공해 주는 부모의 미소, 포옹, 사랑이 제공되고 있는가?
- 속도 제어 장치 : 자녀가 자아통제를 배울 수 있게 돕는 가족규칙이나 가르침이 있는가?
- 색과 스타일의 선택 : 각 자녀가 각기 특별하고 독특하게 사랑받고 있다고 느끼게 하는 환경을 제공하고 있는가?

• 에어컨디셔너 : 신선한 공기와 접할 수 있는 실외놀이와 신체발달을 위한 기회들을 마련해 주는가?
• 신뢰감 : 어떤 상황에서도 엄마아빠를 믿고 따르는 가정 분위기인가?
• 고객만족 : 자녀가 믿고 따르는 부모인가?

사회생활을 하다보면 언행이 반듯한 사람을 만날 때가 있다. 이러한 사람들은 '가정교육을 참 잘 받았구나' 라는 칭찬을 듣기도 한다. 자녀를 길러내고 이러한 말을 듣는 것만큼 부모로서 보람을 느끼는 말이 있을까 싶을 만큼 늘 듣고 싶은 말이다.

위의 사항들을 토대로 우리의 자녀에게 주어져야 할 가정교육은 잘 이루어지고 있는지 점검하여 강화하거나 보완해야 할 방향을 정해보자.

5 부모라는 전문직

하나나 둘을 낳아 기르는 한국사회에서 자녀의 대학입학은 부모의 능력에 달렸다고 말하는 사람들이 있다. 많은 자녀를 낳아 기르면서 보호적 기능이 주업무였던 과거와 달리 부모의 역할에도 전략이 필요한 시대이다. 낳아 길러서 제 갈 길을 찾아주는 일, 그 일을 해내는 데 필요한 능력이란 경제적인 것뿐만이 아니라 내 자녀를 위한 맞춤식 정보를 찾아내는 능력과 자녀가 가진 능력을 최대한으로 발휘하도록 유도하는 능력 등 많은 범위를 갖는다. 이러한 시대적 유행이 요구하는 능력뿐만이 아니라 부모라는 전문직에서의 사명을 수행하기 위해 우리가 갖추어야 할 특성을 정리해보았다.

• 순수한 사랑을 가진 자

순수한 사랑은 모든 사랑을 능가하며 이 사랑에 따라 자녀를 양육하는 것을 가장 큰 기쁨으로 삼는다. 말과 행동이 자녀를 격려하며 눈빛이 따뜻하고 좋은 경청자이다. 성장과 발달에 영향을 미치는 순수한 애정은 자신에게도 끊임없이 기쁨을 준다. 자녀에 대한 본능적이고 순수한 사랑이 제일 조건이라고 믿는다.

• 효과적으로 사랑에 따르는 능력을 가진 자

자녀에 대한 순수한 사랑을 효과적으로 활용하는 것이 필요하다. 즉, 자녀의 특성을 파악하고 적절한 교육방법을 선택하여 효과를 예견하는 재능을 의미한다. 자녀의 적성과 진로에 필요한 교육이 무엇인지 탐색하고 조언해주어야 한다. 영유아기부터 어떤 일에 몰두할 때 가장 행복해 하는지 살펴보기 바란다. 진로의 선택기준은 사랑하는 자녀의 흥미와 능력이 주 요인이 되어야 하는데 준비되지 않은 상태의 어린 시기에 강제로 시키는 교육은 오히려 부작용을 낳는다.

• 자녀의 발달 강화에 영향을 주려는 의도를 가진 자

자녀에게 주어진 소질을 발견해내고 새로운 의욕을 가질 수 있도록 결정적인 강화와 영향을 줄 수 있어야 한다.

이러한 과정에서는 자녀에 대한 이해가 선행되어야 한다. 소질이 있고 흥미있어 하는 분야의 일도 부모의 강압이 주어지거나 현재의 상황에 적합하지 않다면 오히려 역효과를 내게 된다. 좋은 대화법을 사용하여 긍정적인 동기유발을 통해 학습하도록 이끌어주는 관계는 영유아기에 이미 그 기초가 만들어진다.

12월

1 초등학교 입학을 위한 준비

학교를 보내는 부모의 마음은 유아교육기관을 보낼 때와 다른 것 같다. 공부를 잘 할 수 있을까, 수업을 따라갈 만큼 건강상태가 좋은가, 친구들과 잘 어울릴까 등의 염려가 많다. 초등학교 시기는 부모보다는 또래나 타인들과의 관계에 관심이 많아지고 그들과의 관계에서 자존감의 정도가 결정되기도 한다. 다른 사람과 자신의 능력을 비교해보는 시기이므로 자신감을 갖도록 지지해줘야 하고 학업성취뿐만이 아니라 다른 영역의 능력도 부모의 지지적 태도가 요망된다.

자녀의 의사표현에 대해 경청태도를 갖는다. 일방적이고 지시적 태도보다는 대화에 의한 상호이해과정이 필요하다. 부모의 태도와 가치를 보면서 세상에 대한 판단을 확립해가는 시기이므로 일상생활 가운데 항상 좋은 모델링을 보여야 한다. 이러한 부모의 모습은 단순히 학령기의 문제가 아니며 영유아기의 부모-자녀관계에서 이미 그 기초가 형성되어야 한다. 성공적인 학교생활을 돕기 위해 좋은 부모-자녀관계 형성은 필수이며 그 구체적인 실천에는 다음의 내용이 포함된다.

학교에 가면 부모의 시야에서 벗어나 친구들과 노는 시간이 늘어나게 되는데 활발한 움직임에 따른 사고예방을 위해 대근육과 소근육의 고른 발달을 위한 기회를 많이 준다. 공부나 학습이라는 개념보다는 놀이로 접근하여 교육하며 마음껏 뛰어놀게 하는 것이 바람직하다. 영유아기에

는 주입식 교육이나 반복학습보다는 전인발달을 위한 놀이 중심교육이 좋다. 놀이를 통한 개념학습은 자율적이고 창의적인 능력개발에 필수이다.

건강한 신체를 위해 편식과 과식이 없는 올바른 식습관을 길러줘야 한다. 초등학교에서의 왕따현상은 지저분한 외모나 체취, 배변실수 등이 계기가 되는 사례가 있으므로 청결이나 화장실의 바른 사용법이 포함된 기본생활습관 형성에 관심을 가져야 한다. 수업에 지장이 없도록 청력이나 시력검사를 통해 건강상태를 점검해주는 것도 좋다.

유아교육기관보다 획일화된 학교의 교실에서는 규칙과 제한에 따라 집단생활을 하게 되므로 순서를 기다리거나 차례를 지키는 일에 대한 교육도 필요하다. 일상생활에서의 모범적인 태도로 자연스럽게 배우게 하며 지시나 훈육이 아닌 모델링 교육이 좋다.

발표도 잘하고 긍정적으로 적응하기 위해 필요한 것은 자신이 사랑받고 존중받는 존재임을 알게 하는 것이다. 부모, 형제, 또래와의 활발한 상호작용으로 즐겁게 놀면서 자유롭게 표현하고 즐기는 기회를 다양하게 준다. 이러한 자존감은 온정적인 가정환경에서 양육된 아이들의 특성임을 감안하면 영유아기의 가정교육이 학교생활의 성공열쇠라는 것을 알 수 있다.

2 엄마아빠 도와주세요

부모상담을 하다보면 정상발달로 잘 자라고 있는 아이

를 문제아로 보는 부모가 있고 성인의 도움이 필요한 경우에도 정상발달로 이해하며 무감각한 부모도 있다. 영유아기에 흔히 볼 수 있는 문제행동이나 증상은 다음과 같다. 조기발견하여 적절하게 지도하면 정상발달의 범위 내에서 잘 자라게 된다.

• 형제나 또래와의 다툼

동생을 본 아이들이 질투심에 아기를 괴롭히거나 다시 아기처럼 행동하는 퇴행행동을 보이는 경우, 어느 정도 자란 후에도 놀잇감이나 부모의 사랑을 놓고 다투는 경우가 해당된다. 잘못된 행동을 중심으로 꾸짖거나 혼내면 이러한 증상은 더 심해진다. 부모의 관심과 사랑을 독차지 하고 싶은 마음을 읽어주는 위로의 과정을 가져야 하며 항상 공평하게 양육하고 있다는 것을 보여준다.

• 정리정돈 습관

부모가 먼저 정리정돈을 잘 하는 모습을 보여주면 자연스럽게 따라 하는 경향이 있다. 어질러 놓은 놀잇감을 무작

정 정리하라고 하면 방법을 모르기 때문에 모든 것을 한꺼번에 쌓아놓아 또 다른 정리가 필요하게 된다. 아이가 스스로 정리할 수 있는 수납장이나 공간을 마련해주고 자신만의 과업으로 즐겁게 정리하게 한다. 수납공간에 정리할 놀잇감의 사진을 붙이거나 그림으로 표식을 주면 쉽게 정리하면서 수학의 기본인 분류 개념이 발달한다.

• 식습관 문제

우리 가족의 식단에 고른 영양소가 포함된 음식을 준비하고 있는 지 점검한다. 낯선 음식에 대해 꺼려하는 아이에게는 기관의 직전 식단을 참고하여 그대로 제공해보는 방법을 권한다. 친구들과 먹어본 음식이기 때문에 익숙하게 섭취한다. 식사준비과정에 가족이 함께 하면 즐거운 식사시간이 된다.

• 도벽

남의 물건을 훔치는 아이는 도둑질이라는 생각보다는 단순히 그 물건이 갖고 싶거나 부럽기 때문에 집으로 가져오는 경우가 많다. 친구들과의 순서를 지키느라 마음껏 가지고 놀지 못한 놀잇감을 가져오기도 한다. 일단 왜 가져왔는지 이유를 잘 들어주고 마음을 이해한 후 나쁜 행동임을 알게 하고 돌려 주게 한다.

• 공격성

친구를 때리거나 물건을 파손시키는 등의 공격성을 보이는 아이는 마음 속에 해소되지 않은 불안이나 긴장이 있다. 그 원인을 찾아 정서적으로 편안하게 해주는 것이 가장 먼저 시도해야 할 지도법이다.

이상의 문제 외에도 염려되는 행동이나 증상이 있다면 각 지역의 보육정보센터나 영유아플라자 홈페이지 부모 상담실을 이용할 수 있다. 비용은 무료~!

3 유아기의 성교육

너무 많은 성적 자료에 노출되어 살아야 하는 현대사회에서는 영아기부터 성교육이 필수이다. 자녀에 대한 교육뿐만이 아니라 부모 자신도 성장과정에서의 성에 대한 개념발달을 이해하고 자연스럽게 바른 교육을 할 수 있도록 준비해야 한다.

성교육에 대한 이해는 출생 직후부터 시작된다. 아직 걷지도 기지도 못하는 아기는 누워 지내는 동안 가장 재미있는 놀잇감이 자신의 신체이다. 걸어다니게 되는 돌 무렵까지 아기는 손을 사용하여 자신의 몸 전체를 만지면서 논다. 얼굴 중에서 특히 입을 만지거나 빨고 손가락이나 발가락도 만지다가 빤다. 전체를 만지면서 유두, 성기, 엉덩이 등을 만지면 기분이 좋아지는데 이때 느끼는 호기심은 돌이 되면서 사라졌다가 만 3세 정도에 다시 나타난다.

돌 무렵부터 만 3세 사이에는 대소변훈련을 통해 남녀의 성기차이를 인식하게 되고 가족의 벗은 몸을 보며 즐거워한다. 이 시기에는 가족이 함께 목욕하는 시간을 가지면서 서로의 몸을 보고 자연스럽게 차이를 알게 해준다. 말을 하기 시작하면서 아기가 어디서 생기는지, 왜 성기가 다른지, 아이와 성인의 몸이 왜 다른지 질문하기 시작한다. 아기는 엄마의 아기집에서 자라다가 배가 많이 불러지면 병원의 도움을 받아 낳게 된다, 남자의 몸속은 아기의 씨가 만들어지는 곳이고 여자는 아기집이 있는 곳이기 때문에 모양이 다르다, 지금은 다르지만 너도 어른이 되면 엄마아빠처럼 모양이 변한다 등의 말을 통해 있는 그대로 자연스럽게 대답하는 것이 좋다.

4세에서 6세가 되면 성역할을 뚜렷하게 구별하게 되며 남자놀이와 여자놀이를 나눠하게 되는 과정을 통해 이성 친구에게 부끄러움을 느낀다. 여자아이는 아빠를, 남자아이는 엄마를 독점하려는 특성을 보인다. 만 4세 이후에는 따로 재우고 목욕도 따로 하는 것이 좋다. 성정체성을 깨달으면서 병원놀이 중이나 소꿉놀이 중에 서로의 성을 비교하고 서로 보여주는 은밀한 놀이를 하기도 한다. 이럴 때 혼내기보다는 소중한 곳이기 때문에 팬티를 입어서 특별히 더 보호해야 하며 함부로 내놓거나 보여주지 말 것을 알게 한다.

성교육은 부모의 관점에서 너무 전문적이거나 비공개적으로 하는 것이 아니라 각 연령별 발달 특성을 이해하며 자연스럽게 하는 것이 좋다.

4 부모일 때와 자식일 때

한 아이의 부모로 살아가는 것은 진정한 성인이 되는 것을 의미한다. 생존에 필요한 최소한의 능력만 가지고 태어난 어린 생명을 보살피고 길러내는 일은 인간이 가진 커다란 축복이자 많은 기쁨과 보람을 느끼게 해주는 일이다.

조금 더 자라 학생이 되고 성인이 되어가면서 엄마아빠의 도움이나 관심에서 벗어나려고 한다. 너무 예뻐서 호주머니에 넣고 다니고 싶을 만큼 어리고 작았던 아이는 세월이 흐르면 나처럼 성인이 되어 배우자를 만나 가정을 이루고 부모가 될 것이다.

자식을 키우면서 내 안에 숨어있는 부모의 모습을 발견할 때가 있다. 부모라는 이름. 세상에 태어난 이상 누구나 부모를 갖는다. 내 부모님은 내게 어떤 사랑을 주셨을까? 자라면서 나를 슬프게 했던 일은 없었을까?

은혜를 모르기 때문에 거두지 말라고 말하는 머리 검은 짐승인 사람, 우리는 부모님의 헌신적인 사랑보다는 서운했던 점을 더 많이 기억한다. 언니만 새 옷을 사주고 물려 입게 했던 일, 하고 싶은 공부보다는 엄마의 의지에 따라 학원에 다녔던 일, 부부싸움으로 이불을 뒤집어쓰고 울게 한 유년시절, 노인대학 친구들과 여행 떠나는 일에 들떠서 딸 생일도 모르고 지나가는 무심함, 직장생활을 하면서 아등바등 힘들게 살아도 손자 한번 봐주지 않는 무정함...... 이런 일들이 먼저 떠오르는 경우가 많다. 부모교육이라는 과목을 수강하는 학생들의 토론시간에 나온 사례들, 유아교육기관의 엄마들과의 부모교육시간에 나온 이야기들이다.

머리가 커가고 비판능력이 생겨나면 첫 대상은 가장 가까운 부모가 된다. 엄마처럼 살지 않을 거야라고 말하지만 살다보면 엄마의 모습이 내게서 시도 때도 없이 나온다.

혹자는 말한다. 부모는 자식의 사랑스럽게 자랑할 일만 기억하고 자식은 부모가 서운하게 대한 일이나 원망했던 일만 기억한다고. 하지만 가족이 아닌 타자가 그 관계를 바라보면 정말 많이 닮아 있다. 나는 내 부모의 분신, 내 자식은 나의 분신인 것이다.

아직 어려서 품 안에 있을 때, 내게 매달릴 때, 즉 지금이 바로 무한한 사랑으로 부모와 자녀 모두가 가장 행복을 느끼는 시기이다. 많이 많이 사랑하자! 사랑하는 내 아이, 긴 산통 끝에 감동으로 다가와 처음 만난 그때처럼, 처음처럼!

5 이런 부모로 기억되기를

십여 년 전 지인과의 약속장소에 가기 위해 강남역 주변을 걷다가 누군가 나누어주는 유인물 한 장을 받아들었다. 먼저 도착해 기다리는 동안 펼쳐보니 놀랍게도 '이런 엄마로 기억되기를' 이라는 글이었다. 누가 줬는지, 어떤 목적으로 나눠줬는지 모르겠지만 참 감동적인 글이었다. 지금까지 잘 간직했다가 코팅하여 서재의 책장에 붙여두었고 주변에 어린 자녀가 있는 엄마들에게 복사해 나눠주고 있다.

책에 소개하고 싶어서 출처를 찾아보았지만 인터넷상의 몇 개 블로그에 인용되어 있을 뿐 작가나 보급한 곳을 찾아낼 수가 없어서 안타깝다. A4용지 한 장을 가득 채우고 있는 글은 모든 줄마다 엄마라는 단어로 끝난다. 감동적이었던 몇 줄을 골라보면 다음과 같다.

우리랑 이웃들에게 사랑을 실천하려고 노력했던 엄마... 우리들이 손짓하면 언제나 다가오는 다정다감한 엄마... 떨어져 있을 때 생각하면 한없이 보고픈 엄마... 본인의 어려움 속에서도 명랑함을 잃지 않으려고 무던히도 노력했던 엄마... 우리 가정에 밝은 빛을 주셨던 엄마... 수시로 우리를 어루만져 주셨던 엄마......

처음 이 글을 읽고 나서 저자도 아들에게 좋은 엄마가 되어주기 위한 실천 목록표를 만들어 보곤 했다. 연말연시에 한 해를 돌아보고 새해다짐을 하면서 구체적인 실천강령을 만들어본다. 음식을 만들 때 앞치마를 입고 정성스럽게 준비하는 모습을 보여주는 엄마, 아침에 깨울 때 소리 지르지 않고 부드러운 노래를 불러주며 깨우는 엄마 등등. 처음에는 가족 게시판이나 냉장고 문에 붙여두고 좋은 엄마가 되기 위해 노력했으나 지키지 못하는 사항이 생기면서부터 나만의 다이어리에 기록해 놓는다. 모든 업무에서의 목표와 '강령'은 실천가능한 것을 찾아 세워야 한다는 것을 말해주고 싶다.

저자의 어머니는 모든 아침에 새 밥을 지어 가족을 대접했다. 사춘기의 아침까지도 유혹적인 음식 냄새와 또또또또, 엄마의 도마질 소리가 기분 좋아 일찍 일어나곤 했다. 교사출신 답게 반듯하게 처신하는 생활예절, 청결하고 근검한 가족 분위기 등을 강조했던 기억이 많다. 여러 직업을 가지고 치열하게 살아가는 딸의 육아문제에 모른 척 하신 점, 아기 때 잠깐을 제외하고 손자를 봐주시지 않아 늘 원망에 가까운 볼멘소리를 들으셔야 하는 분이지만, 내가 가진 독립적인 성향은 어머니의 영향이다. 아버지는 돌아가시기 직전까지 딸에게 수많은 친필편지를 보내주셨다. 영화 이야기, 여러 인문학 고전들을 읽고 난 후의 감상, 여행

지에서 얻은 지식과 정보 같은 다양한 문화를 전수해 주셨다. 뒤늦게 문예창작을 공부하고 있는 내 열정은 오롯이 '그리운 아버지'의 영향이다. 나도 아들에게 좋은 영향을 주는 훌륭한 엄마로 기억되고 싶다.

먼 훗날 자식의 모습을 그려보고 어떤 부모가 되어주고 싶은지 행복한 꿈에 젖어보기 바란다.

저/자/약/력

■ 김혜경

〈현직〉
영유아교육경영연구소장
(www.kidsnme.org)
이화여자대학교 유아교육과 겸임교수

〈주요 활동 및 경력〉
건국대학교 교육대학원 유아교육전공 겸임교수
CTS TV 영유아문화원 고문(kids.cts.tv)
"영유아가 나라의 미래다"제작 및 진행
EBS "라디오 멘토 부모" 육아리포트 패널
"부모라디오 알토란"/ "부모의 시간" 출연진
와이제이사이버평생교육원 동영상 강의 "부모교육"
삼성아동교육문화센터 사이버 강의 "나의 고객은 부모님들"
서울특별시보육정보센터 초대 소장
서울특별시 녹색장난감도서관 개설 작업
서울특별시보육정책위원회 부위원장
서울특별시 우수보육시설 평가단
서울특별시 여성상 심사위원장
서울형 어린이집 공인인증 심의위원
아이낳기좋은세상 서울운동본부 위원
저출산 극복 운동 공로 "보건복지부장관상" 수상
한국육아지원학회 사업이사
삼성생명공익재단 양천삼성어린이집 원장
아이코리아연수원장/ 보육교사교육원장

영유아관련 저서 30여 권

부모도 이미지메이킹이 필요하다

좋은 부모를 위한 칼럼집

| **저자** | 김혜경

| **1판 1쇄 발행** | 2012년 5월 15일
| **1판 2쇄 발행** | 2012년 10월 25일
| **1판 3쇄 발행** | 2015년 8월 31일

| **발행인** | 김동훈
| **펴낸곳** | **공동체**

| **주소** | 경기도 고양시 일산동구 호수로 358-39, 동문타워 I 905호(백석동)
| **전화** | 031)920-8305(대표)
| **팩스** | 031)920-8308
| **전자우편** | compub@naver.com
| **출판등록** | 2005년 10월 6일
| **등록번호** | 제396-2005-36호

| ISBN | 978-89-6352-350-7
정가 12,000원